Lo Mejor de La Viña

CD de La Viña (historias grabadas en audio):

Historias de La Viña
Historias de La Viña II: Pasos 1 a 6
Historias de La Viña III: Pasos 7 a 12

Otros libros de AA Grapevine, Inc.

En español:
El lenguaje del corazón
Lo mejor de Bill
El Grupo Base: corazón de AA
Felices, alegres y libres
Un Día a la vez

Lo MEJOR DE LA VIÑA

Una selección de artículos de
nuestros primeros diez años
1999-2006

AA Grapevine, Inc.
New York, New York,
www.aagrapevine.org

ISBN 978-0-933685-66-6

Impreso en Canadá

Preámbulo

Alcohólicos Anónimos es una comunidad de hombres y mujeres que comparten su mutua experiencia, fortaleza y esperanza para resolver su problema común y ayudar a otros a recuperarse del alcoholismo. El único requisito para ser miembro de AA es el deseo de dejar la bebida.

Para ser miembro de AA no se pagan honorarios ni cuotas; nos mantenemos con nuestras propias contribuciones. AA no está afiliada a ninguna secta, religión, partido político, organización o institución alguna; no desea intervenir en controversias, no respalda ni se opone a ninguna causa.

Nuestro objetivo primordial es mantenernos sobrios y ayudar a otros alcohólicos a alcanzar el estado de sobriedad.

Índice

Índice

Prólogo

L a Viña surgió como respuesta a la necesidad manifiesta de los miembros hispanohablantes de Alcohólicos Anónimos de contar con una revista en español equivalente a la revista internacional de AA en inglés, el AA Grapevine. La Conferencia de Servicios Generales de Alcohólicos Anónimos de Estados Unidos y Canadá recomendó su creación en 1996. La Junta de Servicios Generales de AA ha apoyado económicamente a la revista en su etapa inicial, si bien se espera que la creciente circulación de la revista y la venta de los productos derivados de ella, CD y libros, vaya disminuyendo la necesidad de esa ayuda.

Desde sus comienzos, La Viña ha cumplido con su objetivo primordial, que es el mismo de Alcohólicos Anónimos: mantenernos sobrios y ayudar a otros alcohólicos a alcanzar el estado de sobriedad. Pero La Viña hace mucho más. Al publicar las experiencias de los alcohólicos en recuperación del mundo de habla hispana, la revista permite que esta experiencia se comparta y se registre y, gracias al constante intercambio de artículos y actividades con el Grapevine, promueve también la unidad y la comprensión entre los miembros de AA de habla hispana y los de habla inglesa.

La experiencia de cada persona en AA es su tesoro más valioso. Al llamar a esta colección de artículos "Lo mejor de La Viña" no queremos desmerecer la calidad y valor de los que no fueron seleccionados. Toda selección es subjetiva y, en cierta forma, cuestionable. En esta antología, hemos tratado de reflejar la gran diversidad de voces y experiencias de recuperación en Alcohólicos Anónimos que han quedado plasmadas en los primeros diez años de La Viña. La mayoría son historias personales, algunos artículos son reflexiones sobre aspectos de la recuperación, la aplicación de los 12 Pasos y las 12 Tradiciones en la sobriedad, experiencias en los grupos de AA, el servicio y la práctica de los principios del programa de AA.

La Viña también busca aprovechar las nuevas tecnologías, como la Internet, para cumplir sus objetivos. Actualmente, compartimos el sitio web del Grapevine, www.aagrapevine.org, donde se pueden encontrar artículos e información sobre la revista y sobre la labor del RLV (representante de La Viña), así como escuchar o bajar historias grabadas. Esperamos contar pronto con un sitio web completamente en español donde sea muy fácil suscribirse y adquirir los productos de La Viña y el Grapevine.

Los invitamos a que conozcan nuestra revista internacional en español. A los alcohólicos en recuperación y amigos de AA les recordamos que La Viña es su revista, un instrumento útil para familiarizarse con el programa, compartir y llevar el mensaje de recuperación en AA al alcohólico que todavía sufre.

El Lenguaje del Corazón

Por Bill W. (extracto)

A menudo puedo sentir el profundo significado del fenómeno de Alcohólicos Anónimos; pero no puedo ni empezar a desentrañarlo. Por ejemplo, ¿por qué, en este punto particular de la historia, ha decidido Dios comunicar Su gracia salvadora a tantos de nosotros? ¿Quién puede decir lo que es de verdad esta comunicación tan misteriosa y a la vez tan práctica? Sólo podemos comprender en parte lo que hemos recibido y lo que esto ha significado para cada uno de nosotros.

Se me ocurre que podemos relacionar todo aspecto de este desarrollo mundial con una palabra crucial. La palabra es comunicación. Ha existido una comunicación salvadora entre nosotros, con el mundo que nos rodea, y con Dios.

Desde el principio, la comunicación en AA no ha sido una transmisión ordinaria de ideas y actitudes útiles. Ha sido insólita y a veces única. Debido a la afinidad que tenemos en nuestro sufrimiento, y en vista de que nuestros instrumentos comunes de salvación sólo son eficaces cuando los compartimos constantemente con otros, nuestros canales de contacto siempre han estado cargados de el lenguaje del corazón.

AA Grapevine, edición especial en español, julio de 1995 (publicado en el Grapevine de julio de 1960, y en El Lenguaje del Corazón, p. 243)

1996-1998

Astuta, desconcertante y poderosa

La enfermedad reclama otra víctima

Julio/Agosto de 1996

El pasado diciembre cinco de nosotros empezamos una reunión para hombres. Era pequeña pero estábamos satisfechos con la atmósfera agradable y cómoda. El consenso era que esta nueva reunión contribuía a la calidad de nuestra sobriedad; parecía hacer más comunicativos a los miembros que en otras reuniones permanecían callados.

Entonces, a mediados de junio, ocurrió un desastre. Uno de nuestros miembros se suicidó. Él había luchado con el programa por un tiempo, sin lograr nunca juntar más de unos cuantos meses de sobriedad continua. Desde el principio de nuestra reunión para hombres, sin embargo, parecía haber estado bien encaminado. Participaba enteramente en las reuniones, estaba trabajando con su padrino, y aparentemente estaba tratando de vivir los Pasos. ¿Qué había ocurrido? ¿Por qué lo hizo?

Cuando recibimos la noticia de su muerte, el miedo y la incertidumbre me atraparon en sus garras. Me enfurecí con "la enfermedad", que le había ganado a la sobriedad de calidad, a los Doce Pasos, a las reuniones basadas en las Tradiciones, y a la buena hermandad. A pesar de mis más de diecisiete años en AA, no tenía ninguna experiencia parecida a la cual pudiera recurrir. Había observado a otros morir directa o indirectamente a causa del alcohol, pero no había visto a nadie quitarse la vida mientras parecía estar bien establecido en Alcohólicos Anónimos. ¿Qué había pasado con eso de que "Rara vez hemos visto fracasar a una persona…"? ¿Cómo podría sentirme protegido ante este aparente fracaso del programa de Alcohólicos Anónimos?

Si bien uno de nosotros era el padrino formal de este hombre, todos compartimos profundamente la devastación y el agudo auto-examen: ¿qué podíamos haber hecho para prevenir esta tragedia?

Compartíamos su angustia y su sentido de haber fracasado. Comenzando con el hombre fallecido, podíamos rastrear la cadena de apadrinamiento a sus orígenes, a través de solamente seis individuos, hasta llegar al Dr. Bob, en los primeros días en Ohio. ¿Qué habíamos pasado por alto?

Unos días después asistí a la Convención Internacional en San Diego. Busqué a un veterano, un hombre que ha desempeñado un papel muy importante en mi sobriedad. De hecho, este hombre era el número tres en la cadena de apadrinamiento que había comenzado con el Dr. Bob y en algún momento me había ayudado. Me le acerqué y le conté la historia del suicidio del miembro de nuestro grupo y le comuniqué nuestro desasosiego.

Me dijo: "Tú sólo puedes llevar el mensaje de recuperación, no puedes cargar con la persona". Cuando reflexioné más tarde sobre estas palabras, caí en cuenta que una muerte prematura no niega los años que llevo sobrio. No refleja la calidad de su apadrinamiento. Sin embargo, envía un poderoso mensaje de que el alcohol es, verdaderamente, "astuto, desconcertante y poderoso. Si no buscamos ayuda resulta ser demasiado para nosotros".

Lo que me ha ayudado a reconciliarme con lo que ocurrió es la idea de que si nuestro amigo hubiese extendido su mano, si hubiese llamado a alguien para pedirle ayuda, un Poder Superior lo habría mantenido vivo mientras atravesaba su crisis: "Que Dios podía remediarlo, y lo remediaría, si le buscábamos".

No tengo otras respuestas. La ausencia de nuestro amigo todavía me pesa en el corazón. Hablamos en nuestro grupo acerca de cómo parecemos estar más seriamente comprometidos con los Pasos y el Libro Grande y el estudio del "Doce y Doce". Nuevos miembros continúan llegando. Uno de nuestros nuevos miembros ha vuelto a beber. Otros parecen lograr la sobriedad. Nuestro grupo es ahora más grande, y las reuniones continúan siendo satisfactorias. Hay evidencia de sobriedad de alta calidad. Compartimos nuestra experiencia, fortaleza y esperanza. Nos reímos y contamos chistes. Celebramos nuestros aniversarios y nuestra sobriedad. La prematura muerte de nuestro amigo nos ha enviado a todos un mensaje poderoso y valioso, pero el precio fue demasiado alto.

Tim T., Albuquerque, N.M.

Ver las cosas de una manera diferente

Septiembre/Octubre de 1996

Cuando mi consejero me recomendó que asistiera a noventa reuniones de AA en noventa días, después que me dieron de alta del centro de tratamiento, mi reacción fue, "Estás bromeando". ¡No después de haberme pasado los últimos veintiocho días en un hospital pegada a una silla diez horas al día en reuniones que no paraban! A medida que Mark me trazaba un plan para los próximos tres meses, no abrí la boca, escuché y asentí con la cabeza, mientras que para mí pensaba, "Ni en broma —tengo cosas mejores que hacer—. Tengo que seguir adelante con mi vida".

Pero el día que me dieron de alta llegó y algo ocurrió. Tenía miedo, mucho miedo. Comprendí que no quería beber ni usar drogas de nuevo y nunca más quería sentirme tan sola. Puesto que vivía sola y había bebido sola, me imaginé que iba a tener un gran problema si seguía así. Así que, a pesar de mi miedo, comencé a ir a las reuniones de AA. Las primeras a las que asistí fueron a las que me llevaron cuando estaba en el hospital. Luego empecé a ir a algunas en mi vecindario. Tenía miedo y me sentaba en la parte de atrás, miraba al piso todo el tiempo y no hablaba con nadie. Aún así, allí me sentía fuera de peligro. Lentamente comencé a identificarme como una principiante. Mark me había dicho que era la mejor manera de decirle a la gente de AA que yo era una recién llegada. No tenía trabajo, por lo que concurría a las reuniones cada vez que me sentía con miedo o incómoda. Al poco tiempo iba a dos o tres reuniones al día. Manejaba por toda la ciudad para encontrarlas e inicié una rutina: iba a las mismas reuniones el mismo día y la gente comenzó a reconocerme. Cuando anuncié que era una recién llegada, ellos se presentaron, me dieron números de teléfono y me invitaron a tomar café. Me ilusionaba ver a la gente en las reuniones. Me hacían sentir importante y fuera de peligro; parecían preocuparse por mí y empecé a querer verlos e ir a las reuniones. Comencé a pasarla bien. Me pareció que la sobriedad era pan comido.

Pero cuando tenía aproximadamente noventa días de sobriedad, algo cambió. Me sentía muy incómoda. El miedo regresó, acompañado de la ansiedad. No podía dormir y no sabía por qué. Andaba por ahí con un nudo de miedo en el pecho y sintiéndome al borde de una catástrofe. Por más que analizara la situación no podía entenderla. Gracias a Dios había aprendido a compartir experiencias en algunas reuniones no abiertas al público. Me dijeron que consiguiera una madrina e hiciera uso de ella, que llamara a la gente, que no tratara de resolver nada y, sobre todo, QUE NO BEBIERA, PASARA LO QUE PASARA.

Me sentía tan mal que seguí sus instrucciones. Había conseguido una madrina temporal antes que me dieran de alta del centro de tratamiento (era un requisito); sin embargo, raras veces la llamaba y, cuando lo hacía, parecía estar muy ocupada y era incapaz de prestarme la atención que necesitaba. Decidí encontrar una nueva madrina, pero cuando eso no me resultó, me tragué mi orgullo y llamé a Sally, mi primera madrina. Le dije cuán incómoda me sentía y le pedí que me ayudara, que fuera mi "verdadera" madrina. Ella aceptó y me dijo que me ayudaría a hacer los Pasos.

Empecé a seguir los consejos de Sally al pie de la letra. De repente comencé a escuchar lo que se decía en las reuniones. Asistía todas las mañanas a una reunión en que se estudiaban los Pasos y escuché lo que estaban diciendo. No entendía nada pero los oía. Empecé a hacer los Pasos aún sin entenderlos. Gracias a Dios, comencé a ponerme en acción y las cosas fueron cambiando para mí. Lentamente empecé a ver a la gente y a las experiencias de una manera diferente. Regresé a trabajar, me mudé a una parte nueva de la ciudad y volví a relacionarme con mi familia.

A medida que se acerca mi quinto aniversario, reflexiono sobre lo que Mark quiso decirme cuando me sugirió que asistiera a noventa reuniones en noventa días. En los últimos cinco años descubrí que tengo una enfermedad y los Alcohólicos Anónimos tienen Doce Pasos que me permiten prosperar y vivir con esta enfermedad mientras experimento la alegría y el dolor de la vida. Doy gracias que fui a esas noventa reuniones en noventa días. Gracias, Mark. Gracias, AA.

Cydney M., Los Ángeles, California

9

La mejor vida posible, un día a la vez

Noviembre/Diciembre de 1996

En septiembre de 1978 un miembro de la Comunidad me dijo que nunca más tenía que tomarme otro trago, que podía vivir el resto de mi vida, un día a la vez, sin el alcohol. Me dijo que si me convertía en un miembro activo del programa y me hacía consciente de mi propia espiritualidad, iba a recibir un poco de serenidad sin importar cómo marchara mi vida.

En mi adolescencia, nunca me preocupé mucho por la espiritualidad ni por Dios. Sin embargo, una noche en una reunión escuché a un miembro narrar una historia acerca de un borracho que se cayó por un precipicio y logró agarrarse de una rama que estaba a seis metros de la parte de arriba y a veinticuatro metros del fondo. Le pidió a Dios que le salvara la vida, y cuando Dios le contestó y le dijo que iba a salvarlo, el hombre se puso feliz de que sus plegarias hubieran sido escuchadas. Le preguntó a Dios cómo iba a sacarlo del aprieto. Cuando Dios le dijo que soltara la rama, protestó inmediatamente: "¿Hay alguien más allá arriba que pueda ayudarme?"

En el transcurso de los siguientes años comencé a desarrollar mi propia espiritualidad y descubrí la meditación diaria. Utilicé a mi padrino y asistí a las reuniones con regularidad. Como resultado de esta disciplina (y Alcohólicos Anónimos sí requiere ser disciplinado), mi vida comenzó a cambiar completamente. Esto me dejó asombrado porque yo era un hombre que consumía al menos medio litro antes del mediodía, un hombre que no podía sobrevivir un día sin alcohol en el cuerpo. Al menos, las Promesas se estaban haciendo realidad.

Me quedé absolutamente asombrado cómo había restablecido relaciones con mi familia. En un período de siete años, reavivé mi relación con mi esposa y desarrollé una relación excepcionalmente buena con nuestras dos hijas, Honour y Meghan. Honour tenía cinco años cuando dejé de tomar y todavía recordaba algunos episodios de mis borracheras, en los que ella tuvo que encargarse de mí. En mi primer matrimonio, que se había acabado en 1970, tuve otros tres hijos, y también habíamos comenzado el proceso de reconstrucción. Mi hija Erin se había graduado de enfermera recientemente.

Todos mis hijos tenían una verdadera pasión por la vida, probablemente estimulada por el hecho de que su padre era una influencia estable en sus vidas. Muchas noches, Honour y yo jugábamos a meter el balón en la canasta encima del garaje y hablábamos acerca de la vida y el hecho de que con la ayuda de la espiritualidad podemos encontrar nuestros sueños, hacerlos realidad, y tal vez comenzar a entender mejor el concepto de la realidad. En la oficina, donde ella trabajaba dos horas al día, era mi compañera constante. Todas las tardes me traía una taza de café y me hacía una visita.

La vida era increíblemente buena. Todas las cosas acerca de las cuales había fantaseado, mientras estaba sentado en el taburete de un bar lleno de humo y mirando a un espejo borroso, se convirtieron en realidad. Llegué a creer que existía una cuarta dimensión tal cual la describe el libro.

El 1° de agosto de 1991, mi hija Erin murió en un accidente automovilístico en Nevada. Ésta fue mi primera verdadera experiencia con la profunda pena y el dolor que nos toma desprevenidos, y me encontré asistiendo a diario a reuniones de Alcohólicos Anónimos tratando de encontrarle sentido a mi vida y a los nuevos sentimientos que estaba experimentando. El programa, que creo firmemente es una solución a los problemas de la vida, lentamente empezó a ayudarme, y descubrí que todavía tenía todas las herramientas espirituales a mi disposición.

Entonces, el 19 de abril de 1992, Honour, quien acababa de cumplir diecinueve años, murió en otro accidente automovilístico. Quedé deshecho. Cuántas veces me habían dicho que extendiera la mano para buscar ayuda, y lo hice; fui a reuniones y me aferré al Libro Grande con una mano y a mi Poder Superior con la otra. Tomé la determinación de pedirle ayuda a Dios para evitar ingerir un trago que aliviara un dolor que no puedo ni siquiera tratar de describir. Nunca me imaginé los efectos catastróficos que la pena podía causar, ni el dolor que produce la pérdida de un hijo. El vacío era horrible y no parecía haber ninguna solución a lo que sentía. No sé cómo, pero probablemente fueron todas las reuniones a las que había asistido y la práctica de los Pasos Tres y Once las que lentamente me dieron un poco de perspectiva y alivio al dolor sin que por ello desaparecieran los recuerdos. Participar en las reuniones y las visitas de Paso Doce disminuyeron la fuerza de mis defectos de carácter y me dieron la libertad para trabajar en el programa haciendo uso de un padrino, lo cual me ayudó a seguir viviendo.

Aunque todavía siento una gran pena, sé que debo utilizar lo que me ha enseñado la comunidad y, como el borracho colgado del precipicio, debo despedirme de la pena como lo hice de mi alcoholismo. Sólo mi Poder Superior puede ayudarme. Confiando en él, he podido empezar a funcionar de nuevo. Y un día a la vez vivo la mejor vida posible, manteniendo una relación saludable con mi esposa e hijos, todo gracias a Alcohólicos Anónimos.

Pat L., Astoria, Oregón

Transmitiendo el mensaje

Mayo/Junio de 1997

Cuando ingresé a Alcohólicos Anónimos, me di cuenta que la mejor manera para mantenerme sobrio consistía en pasarle el mensaje al hermano que aún estaba atrapado en las garras del alcoholismo, para que él tuviera la oportunidad de conocer el programa de amor, paz y esperanza que encuentra el enfermo alcohólico en AA. El mensaje de AA da buenos resultados incluso con el peor de los borrachos, como lo fui yo. Es por esto que aprovechamos cualquier oportunidad para transmitir y poner en práctica nuestro Paso Doce.

A los pocos meses de haberme iniciado escuché al compañero Eliseo, en una reunión de trabajo, informar que la radio local era un medio eficaz para llevar a feliz término nuestra Quinta Tradición. Pero lamentablemente el grupo no contaba con el recurso humano para tal menester. La idea me entusiasmó y uní fuerzas con el compañero Eliseo. Con el respaldo del grupo, procedimos a entrevistarnos con los personeros de la radio, a quienes les entusiasmó la idea y nos prometieron media hora de espacio radial en la programación del siguiente año.

El día esperado llegó; se nos informó que nuestro programa se transmitiría los domingos de 5 a 5:30. A la hora indicada, acompañado del compañero Eliseo, ingresamos a la cabina de locución, nerviosos, por ser la primera vez que incursionábamos en este campo. Se encendió la luz en el estudio y con la fe puesta en un Ser Superior dije: "Desde la pintoresca Villa de Santiago Jocatán, en donde cada amanecer es un trinar de pájaros, y cada anochecer una promesa para el mañana, Radio Chortí y el Grupo de AA Santiago presenta el programa *Hablando con Alcohólicos Anónimos*".

La respuesta no se hizo esperar. A las pocas horas comenzaron a llegar las primeras de innumerables cartas de los amables oyentes ávidos de información (personas que nunca habían oído hablar de Alcohólicos Anónimos), solicitando información sobre el programa. Otros escribían dándole gracias a Dios, ya que con sólo escuchar el programa una vez por semana habían dejado de beber y se mantenían dentro del marco protector de las veinticuatro horas. También nos escribían exhortándonos a seguir adelante, ya que la radio era el único enlace entre AA y ellos, pues en sus comunidades no había grupo local y el más próximo estaba a decenas de kilómetros de distancia, por lo cual les era imposible compartir.

Motivado por la respuesta de los oyentes, solicité el material afín a la Oficina de Servicios Generales, el cual llegó a través de gran cantidad de casetes con una variada gama de temas sobre el alcoholismo y AA.

Han pasado los años y el programa sigue adelante con un solo fin: pasarle el mensaje al alcohólico que aún sigue sufriendo. Para los que hacemos posible el programa radial es sublime compartir espiritualmente con los compañeros y sus familiares la felicidad que les embarga al cumplir sus aniversarios de sobriedad. Un buen ejemplo es el del compañero Apolonio R. que, en algún lugar de nuestra patria grande, arribó en el mes de agosto a su sexto aniversario de decirle no a la bebida.

Nuestros compañeros oyentes del programa, que se llama "Las Ondas Eternas", nos recuerdan que: "Yo soy responsable. Cuando cualquiera, dondequiera, extienda su mano pidiendo ayuda". Y de que es nuestra responsabilidad "que la mano de AA siempre esté allí".

Jorge C., Jocotán, Guatemala

13

'Pero no bebo': habla un gay hispano

Julio/Agosto de 1997

En mis tiempos de actividad alcohólica, mi lema cuando me emborrachaba era: "Nadie tiene que decirme nada. Yo compro mi guaro y a nadie le hago daño. Mantengo mi vicio y nadie tiene derecho a juzgarme, trabajo y no le estoy pidiendo a nadie". Al echarme un trago, mientras miraba el vaso fijamente, me gustaba decir: "Salud y destrucción propia. El único perjudicado soy yo, no tienen por qué reclamarme o reprocharme nada".

Me causé tantos daños y sufrimientos, me destruí mental, física y espiritualmente y al hacerlo no me di cuenta el daño que les causaba a mi madre y hermanos. En mis "bolencas" le pedía a Dios que me castigara y que hiciera conmigo lo que fuera, pero que a mi madre y hermanos no les hiciera nada.

La muerte de mi madre me impactó hacia un cambio radical, aunque no inmediato. Su muerte me llegó tanto a los sentidos que sentí la mente entumecida. No lloré. Me hice cargo de las responsabilidades y luego empezó mi borrachera endemoniada. Es una ironía de la vida que mi madre tuviese que morirse de un derrame cerebral causado por una "goma" alcohólica para que yo dejara de beber. Su muerte me hizo recapacitar, pero me tomó un tiempo. Al morirse ella sentí cómo me dejaba una última lección, era su último consejo de madre, sin decírmelo verbalmente, simplemente con hechos. Y al verme rodeado de mis hermanos, capté que ella me decía: "Es hora de que te hagas una persona responsable, que ya no dependas de mí y aprendas a valerte con tus propias manos. Tal vez esto sí te haga crecer".

Estaba tan acostumbrado a la vida nocturna, a las noches de bacanal. Noches doblemente oscurecidas por el alcohol y las drogas. Fue difícil separarme de esa vida, alegre al comienzo y triste al final. Sin futuro y sin esperanzas, lloré en mi cuarto. No podía ser una persona útil, ni conmigo mismo ni con los demás. Cansado de tanto sufrir, buscaba la manera de hartarme y empacharme de alcohol. Busqué ayuda. Le rogué a una amiga que me acompañara al programa. Quería un cambio. Necesitaba dejar de beber, pues ya no disfrutaba de las borracheras. Me sentía el ser más desgraciado, depravado, despreciado, el ser más bajo de la sociedad. No soportaba el sentimiento de culpabilidad que cargaba en mi mente y en mi alma. Ya no aguantaba más. Traté de quedarme en los grupos. Hice lo que pude para poder dejar de beber. Yo sabía que era alcohólico, que tenía grandes problemas, y que las cicatrices en el alma no se borrarían fácilmente. Cada vez que bebía quedaba fumigado como una cucaracha. Cada borrachera era una laguna mental, una pesadilla.

Cuando llegué a AA, los compañeros me miraron como alguien con problemas de alcoholismo y trataron de ayudarme a orientar mi vida. Pero al estar allí con ellos sólo estaba aprendiendo a dejar de beber. No comprendía en su totalidad cómo funcionaba el programa a pesar que me decían que pusiera la mente alerta. Lo que me falló fue que desde mi niñez nunca aprendí a quererme a mí mismo. Crecí sintiéndome desvalorizado. Ese negativismo se agudizó durante mi alcoholismo, y al entrar al programa de AA no entendí que debía aceptarme como soy, que no debería estar encajonado escondiendo y aparentando otra personalidad sólo por querer ser parte de la comunidad.

Inconscientemente, alimenté una homofobia interna tan fuerte que no podría describirla. Llegué a AA por mi alcoholismo y no por mi otro estigma. Cuando encontré a los reformadores y moralistas sociales que existen en los grupos de AA, mi homofobia interna creció y creció. Los moralistas se propusieron sacarme de los grupos, y lo lograron, hostigándome noche a noche, condenándome moralmente y empujándome a un inacabable sufrimiento. Ellos querían verme caer en las garras del alcohol. Esas personas sectarias me hicieron sentir culpable por esta forma tan natural de ser.

Todavía no había aprendido sobre el amor propio, no había superado esos pensamientos de autodestrucción e inclinaciones suicidas. Una noche me vi forzado a salirme del grupo llorando con los nervios destrozados. Me paré en una esquina, temblando, pensando dónde debería ir. Me imaginé en una cantina. Allí podría tomarme mis tragos. Nadie se metería en mi vida. Nadie me iba a ofender, insultar, ultrajar o menospreciar por ser como soy —libre, sin opresiones—.

En ese instante decidí que mi programa era lo más importante, y decidí irme a otro grupo. Al llegar al nuevo grupo me quedé a escuchar la sesión, pero mi mente estaba herida. En carne viva, estaba enojado y resentido con los moralistas de AA. Aunque continué sesionando todos los días, sentí que no podía ser parte de la sociedad al menos que me dejaran ser como soy. Me preguntaba a mí mismo ¿dónde está la verdad? Y ¿por qué esta gente nos rechaza, quitándonos la esperanza de vivir una vida feliz sin alcohol? ¿Por qué se nos lanza a sufrir? No entendí eso, ni lo entenderé nunca. El tratar de superar mi situación o condición, y tratar de obtener amor propio, se me hizo imposible. La felicidad se me alejaba cada vez más. En mi mente estaba sembrada la culpabilidad y el rechazo propio. De ahí en adelante los sentimientos de odio, desprecio y autodestrucción crecieron en mí.

En esos días conocí a José en las salas de AA. Compartió conmigo su sabiduría, sus conocimientos sobre el programa y me gustó su forma de hablar. Yo tenía año y medio de estar sobrio. Había veces que él me decía desde el púlpito que no entendía a la gente como nosotros. Copiaba lo que otros compañeros nos gritaban desde el púlpito. ¿Qué hacíamos nosotros allí? ¿Acaso se sentían amenazados, o no querían que les quitáramos su puesto? Yo me preguntaba ¿por qué?

Por pura casualidad de la vida, uno de mis amigos llevó a José a mi casa. Al verlo en el umbral de la puerta, le pregunté qué estaba haciendo. Me contestó que acompañaba al otro muchacho. Esa noche ellos platicaron sin cesar, y cuando el otro se fue, José me pidió posada mientras conseguía trabajo. Yo que nací con una nobleza exactamente igual a la de mi madre, le dije que se quedara. Con el tiempo terminamos de pareja.

Él seguía con su onda de tomar y andar con mujeres. Yo me quedaba en casa estudiando y tratando de progresar. Él, en una de sus andanzas con mujeres de la calle, salió enfermo con VIH. Cayó en cama. Le busqué ayuda. Al darse cuenta me lloró y le prometí no abandonarlo nunca. Le prometí ser su amigo y hermano hasta el final. Él no podía sobreponerse. Era tanta la vergüenza que sentía que bebía incansablemente. Quería olvidar pero no podía. En esa época fui forzado a salirme del grupo porque no querían homosexuales en las filas de AA. Yo no había superado el pensamiento de autodestrucción. No había aprendido a compartir la esencia de mi culpabilidad. Y al ver a José sufrir, me entró la rabia de verme rechazado por la sociedad de Alcohólicos Anónimos. Aunque todas las cartas estaban sobre la mesa, mi mente estaba débil y lastimada. Fue como jugar a la ruleta rusa. Me dije a mí mismo, ¿si no hay cabida para mí en el programa, para qué hacerme el tonto?

Me entregué a José sin protegerme. Él quiso evitarlo. Le pedí a Dios que me castigara. Yo estaba haciendo el papel de Dios, pues Él nunca me castigó. Mas yo quería castigarme con mis propias manos y actitudes. Hasta que no caí enfermo no desperté del daño que yo mismo me había causado. No busco a quién culpar, pero mi mente estaba muy estropeada por el alcohol y las drogas. Al no poder aprender a compartir la esencia exacta, las razones y los motivos por los que bebía, al no tener a nadie con quien compartir las intimidades por miedo a que lo gritaran desde el púlpito, nunca me liberé de mis fantasmas atormentadores, de mis sentimientos de culpabilidad por las locuras que había hecho con mi alcoholismo. Creo que el miembro nuevo —quien no tiene convicción propia— debe recibir el apoyo incondicional de la Comunidad.

El último golpe que me ha dado la vida fue ver morir a José, verlo que se me escurría de las manos y yo sin poder hacer nada. Solamente le pedíamos a Dios que nos diera la fuerza y el valor para vivir esa prueba que nos estaba dando. Al ver sus últimos suspiros, lo abracé y le dije: "Quédate, no luches más. Busca la luz; agarra la mano de Dios". Entró la paz en su vida, la sentimos, se lo confirmé. Al verlo tan tranquilo, se me salieron las lágrimas y me acordé que él en su debilidad escribió, "Dios, concédeme serenidad para aceptar…". Me acuerdo siempre que un AA no bebe por nada ni por nadie. Ahora no bebo ni quiero beber alcohol.

Hoy estoy bien físicamente. Un poco atolondrado, pero sigo en las filas de AA. Y espiritualmente, gracias a Dios, no se me ha cruzado por la mente tomarme un trago para olvidar, o ir a la cantina para huir de

17

mis problemas. Sé que no estoy listo para que me canonicen. El programa, al menos, me ha enseñado que debo hacerle frente a la vida sin tener que recurrir al licor. No quiero y no voy a apartarme de los grupos, pues quiero estar bien, sentirme bien y darle gracias a Dios todos los días por las buenas y las malas.

A veces escucho a compañeros o compañeras usando las experiencias de otras personas para reírse, burlarse, o para ganar gente y liderazgo. Entonces me ubico y me digo a mí mismo. "Yo no puedo hacer nada; sólo sé que no hay que escupir para arriba". Miro a los cuatro puntos cardinales, veo el sol, la luna, siento el viento golpearme la cara, y al oír el ruido del mar le pido a Dios que, por medio de esos rayos, brisa, poder neutral y natural que mueve los mundos, me transmita más fuerza y valor para quedarme en AA, para poder soportar tantas miradas acusadoras y no dejar que me aterroricen. Ésta es mi historia, y tal vez les sirva de aliento o de ejemplo para no vivir nada similar.

Lo que me hace sentir bien es que no bebo guaro. Sé que tengo fe en AA, y creo en el omnipresente. AA da vida, motiva, da aliento de esperanza.

Marvin M., San Francisco, California

Un doctor en Caracas

Julio/Agosto de 1997

Ojalá que estas líneas —resumen de mi alcoholismo y recuperación— puedan ayudar a algún alcohólico que esté tratando de decidir si es alcohólico o no.

Comencé a beber alrededor de los quince años, cuando estudiaba el bachillerato. Noté que el alcohol me daba una nota increíble. Noté además que me llenaba de orgullo porque aguantaba mucho y no me emborrachaba. Y cuando las madres de mis amigos borrachos (que yo llevaba a sus casas) les reclamaban por qué no bebían como Dieguito, que no "se rascaba", eso me inflaba el ego como un pavo real. ¿Qué iba a pensar yo que con el correr de los años me iba a trasformar en un alcohólico que necesitaba tomar a toda hora para calmar los temblores y la angustia? Pues así sucedió.

Estudié mi carrera, me casé y tuvimos tres hermosos hijos: dos varones y una hembra, la menor. Yo bebía casi a diario con el consentimiento de mi esposa. Soy médico. Llegaba a casa tarde del trabajo, muy tensionado. Unos cuantos tragos me relajaban e inducían el sueño. Los fines de semana mi hogar se convirtió en casa abierta para todos mis amigos. Me consideraba un gran bebedor, con una gran cultura alcohólica.

Pero el alcohol no perdona. Comencé a sentir los rigores del alcoholismo a los 40 años. Un día le confesé a mi esposa que creía que me estaba alcoholizando. Me puso una cara rara. Me contestó que sí era verdad que estaba tomando mucho, pero de allí a ser alcohólico había una gran distancia. Decidí irme un fin de semana de reposo a un hotel cerca de la ciudad donde vivo. Qué buenas y aguantadoras mujeres nos conseguimos los alcohólicos. Allí en el hotel me aguanté la cruda, el temblor, la angustia y el sudor que todos los alcohólicos conocemos. Al tercer día me encontraba bien.

Regresé dispuesto a tomar con el control que había tenido mucho tiempo antes. Qué equivocado estaba. A los tres o cuatro meses estaba igual, y me fui de nuevo a otro reposo con mi esposa. Esto sucedió tres veces en el último año de mi alcoholismo activo. Cada vez me costaba más dejar de beber pues el alcoholismo activo era más intenso. Después de mi tercer reposo, en febrero de 1982, recuerdo que un primo mío fue a mi consulta. Me vio tan bien que me preguntó qué estaba haciendo. Le contesté que me había ido de reposo con mi esposa pues estaba tomando mucho. Me aconsejó que tomara menos. Le contesté que ése era mi deseo, pero no podía lograrlo. Además, cuando la gente quería hacerme una atención me ofrecía alcohol, y en las navidades me lo enviaban de regalo.

Después de mi tercer reposo, tenía la intención de estar largo tiempo sin tomar. A los quince días me fui a pescar a una laguna que está cerca y adonde acostumbraba ir a relajarme, siempre acompañado de mi botella de ginebra. Allí comenzó mi última ingesta alcohólica, que duró aproximadamente cincuenta y dos días. El 9 de abril de 1982, a las diez de la mañana, mi esposa me llevó a un grupo de Alcohólicos Anónimos. No había reunión pero el sacerdote de la iglesia le notó tanta angustia y desesperación a mi esposa que llamó por teléfono a un compañero de AA. A los pocos minutos llegó. Se trataba de Antonio A., mi padrino. Nunca lo podré olvidar. Estuvo conversando conmigo como hora y media. Me identifiqué con él. Desde ese día no he tomado otra copa de alcohol, y soy otro de los tantos milagros que suceden en AA diariamente.

Este año, si Dios quiere, cumplo doce años de sobriedad. Me he metido intensamente en el servicio. Con mis padrinos Antonio y Alfredo, me tocó ser co-fundador de un grupo en la urbanización donde vivo hace veinticinco años. He prestado todos los servicios en el grupo. Cuando fui RI (representante ante intergrupo), mis compañeros me eligieron coordinador de la oficina. Cuando fui RSG del área, me eligieron coordinador. Luego fui delegado a la Conferencia por dos años y también he prestado servicio como custodio clase B (alcohólico) de la zona. Además, en la junta se me entregó la responsabilidad de presidir el comité de información al público. Y si mi Poder Superior así lo decide, espero ir a las próximas reuniones anuales de la Conferencia. De lo que sí estoy seguro es que siempre que trato de pasar el mensaje de AA, el beneficiado soy yo.

El servicio me ha ayudado mucho en mi recuperación. Sigo asistiendo a mi grupo tres o cuatro veces por semana. Trato de practicar el programa lo mejor que puedo. Pero lo más importante, estoy liberado de la obsesión por el alcohol. Vivo una vida de paz y tranquilidad en mi hogar, en mi trabajo y en la sociedad. Y todo eso se lo debo a mi recuperación en AA. En mi trabajo llevo muchos años enseñando a colegas, a lo que antes no me atrevía.

En la escuela de medicina nunca me enseñaron nada acerca del alcoholismo. Este año cumplo treinta y cinco años de ser médico. Cuando celebramos las Bodas de Plata profesionales mis compañeros de grado me invitaron a decir el discurso del orden. Lo hice sin miedo. Y por sugerencia de mis padrinos, y de un primo mío psiquiatra, aproveché para pasarles el mensaje a mis colegas hablando de mi propio caso y pidiendo respetar mi anonimato, ya que el programa no es anónimo pero sus miembros sí. De igual manera, en los cursos les llevo a mis colegas una reunión de información de AA, realizada por varios de mis compañeros del programa.

Ya mis hijos son profesionales. El mayor se casó. Como ven, gracias a AA se ha salvado toda una familia. Para terminar, quiero dejar un mensaje sobre el concepto moderno de enfermedad. Antiguamente se decía que toda alteración, trastorno, anormalidad, desequilibrio, etc., llevan implícitos en sí el concepto de enfermedad. Hoy día, la OMS (Organización Mundial de la Salud) ha definido la salud como "El bienestar físico, mental y social de la persona", y no sólo la ausencia de enfermedades. Hay personas que no tienen una enfermedad específica, pero no están sanos. Esto encaja perfectamente al alcoholismo dentro del concepto de enfermedad.

Diego R., Caracas, Venezuela

Lo único que me ha hecho sentir feliz y útil

Noviembre/Diciembre de 1997

Nací hace cincuenta y dos años en un hogar campesino muy religioso, pero con muchas carencias económicas. Esta situación marcó mi vida e hizo que me propusiera luchar con ahínco para salir adelante por mis propios medios, a fin de obtener las comodidades que ni mis padres ni mis once hermanos podían darme.

Estudié con muchos sacrificios la primaria y el bachillerato, el cual debí cursar con beca del gobierno y, por esa razón, en lugares apartados de mi casa. Para poder estudiar en la universidad, debí trabajar en el día y estudiar en la noche. Sólo Dios sabe cómo pude costearme los estudios y mis gastos, a veces sin libros, sin ropa adecuada, sin pasajes y sin poder recurrir a mi familia por la difícil situación económica en que siempre vivimos.

A pesar de mi pobreza, me las ingeniaba para ingerir licor, incluso desde cuando tenía diez o doce años. Recogía durante todo el año el dinero de mis trabajos ocasionales, haciendo mandados, cargando mercados, vendiendo comestibles, para poder emborracharme como los adultos en la época navideña, hasta enlagunarme por completo, lo que originaba siempre el disgusto de mi bondadoso padre y las severas reprimendas de mi madre.

Por la gracia de Dios pude terminar mi carrera de abogado, aunque cambiando varias veces de universidad por mi forma incontrolable de beber (ya dentro de Alcohólicos Anónimos supe que ésa era la causa de mi vida ingobernable). Pude, incluso, hacer estudios de especialización durante tres semestres, porque para ese entonces tenía un trabajo para pagar mis estudios y mercar a medias con lo que sobraba de mis borracheras.

A los veinticinco años, cuando cursaba el segundo de universidad, contraje matrimonio con una hermosa e inteligente joven de diecisiete años, que creyó realizar sus sueños de felicidad a mi lado. De nuestro matrimonio hubo tres maravillosos hijos, dos mujeres y un varón que ya es profesional y casado. La mayor de las niñas está terminando su carrera y también contrajo nupcias recientemente. La menor, de diez años, cursa quinto de primaria y, por fortuna, no padeció las secuelas de mi alcoholismo activo como los dos primeros, pero sí tuvo que soportar, como toda mi familia, las frecuentes borracheras en seco durante los tres primeros años de mi abstención alcohólica.

Un buen día, mi esposa me insinuó que llevara a un tío suyo a Alcohólicos Anónimos porque, según toda la familia, estaba perdido en el licor. Aparentemente él sólo aceptaba asistir si yo lo acompañaba, condición que sólo existía en la mente de mi esposa. Y como "Un bobo cariado mata a la mama" (como se dice en el argot popular), le creí el cuento y lo acompañé a su primera reunión a un grupo de AA.

Allí permanecí por espacio de aproximadamente nueve meses, incluso compartiendo la literatura de AA, que había leído en gran parte, pero más con el propósito de sobresalir que de practicarla, hasta que, con dolor en el alma y ya agobiado con el peso de mi neurosis, de mis miedos y complejos de culpa, de mi soledad y angustia, tuve que aceptar que, a pesar de no haber estado en cárceles, de no haber ingerido "pipo" o alcohol con agua, ni haber cometido crímenes (como algunos miembros compartían en las reuniones), y de que todavía tenía trabajo, salud física al menos, casa, un remedo de hogar y mi propia oficina, me encontraba en la más espantosa bancarrota moral y con mi vida completamente ingobernable, sencillamente porque era un alcohólico, situación que me había resistido a admitir hasta ese momento.

Convencido de que AA servía para dejar de beber y eso era, al fin y al cabo, lo único que yo había hecho hasta ese entonces, me dediqué a enlazar borrachos para llevarlos a los grupos de AA, practicando con ellos sólo el primero y duodécimo pasos del programa de recuperación. Pero esos días felices de que tanto habla nuestra literatura y que comentan los miembros más veteranos en las reuniones abiertas de grupo no llegaban, los veía lejanos, me eludían. Al contrario, sin padrino y sin programa, mi vida siguió tan ingobernable o quizás más que antes, con la gravedad de que ahora no teníamos, ni mi familia ni yo, excusas para mis desafueros, como cuando bebía.

Lo anterior llevó a mi esposa al colmo de decirme que era mejor que volviera a beber porque, con esa rabia que mantenía, los iba a enloquecer a todos. Además, y como si lo anterior fuera poco, estaba buscando asesoría en el Tribunal Eclesiástico para obtener la separación conyugal, lo que jamás se le había ocurrido durante más de trece años de mi alcoholismo activo. Sobra comentar que tal actitud de parte de ella me molestó mucho porque la consideré desagradecida, ya que no valoraba el hecho de que hubiera dejado de beber, por lo cual yo me consideraba un mártir y un héroe.

Desafortunadamente no quise prestar ningún servicio al grupo ni a la Comunidad en los primeros años, lo que también retardó mi proceso de crecimiento, porque un veterano y amigo de AA me dijo: "Si quiere vivir bueno en AA, no se meta al servicio". Probablemente lo hizo con muy buena fe, pero muy equivocadamente. Hasta que no empecé a practicar los Doce Pasos de AA y a prestar servicio en mi grupo base y en AA como un todo, no comencé a degustar el manjar espiritual que se obtiene cuando nos dedicamos a servirle a Dios a través de los hermanos. Supe por ese medio que el dolor es la piedra angular del crecimiento. Y paulatinamente mi vida se fue llenando de paz interior y de la alegría de vivir con que había soñado. Los buenos días de que me hablaran tanto empezaron a llegar, para mi satisfacción y de toda mi familia, que ahora sí constituye un hogar hermoso donde hay respeto, tolerancia, amor y armonía, a pesar de las dificultades normales de la vida.

Todo eso, y mucho más, que aquí no hay espacio para narrar, se lo debo a Dios y a Alcohólicos Anónimos. Afortunadamente, como al año de haberme iniciado en AA, a mi esposa le entregaron el mensaje salvador de Al-Anon. Hoy lleva allí doce años, aprendiendo también a vivir día a día y siéndole útil a Dios y a sus semejantes. Incluso fue elegida hace tres años como custodia de su zona, servicio en el cual ha sido sumamente activa y responsable y del que ha obtenido muchos dividendos espirituales. Gracias también a la generosidad de mis compañeros de AA, a mi buena voluntad, y a que poco a poco me he ido capacitando en la estructura de la Comunidad, fui elegido recientemente como custodio de servicio general en mi país, con lo cual ha ocurrido una extraña coincidencia, que es como a veces llamamos a la intervención de Dios en nuestras vidas: de que en un mismo hogar la esposa y el esposo sean custodios, la una por Al-Anon y el otro por AA. Así se nos ha dado la maravillosa oportunidad de poder pagarle en algo a Dios y a nuestros hermanos lo mucho que han hecho por nosotros.

Hoy sólo tengo motivos de inmensa gratitud con mis compañeros de AA y con todos los alcohólicos del mundo; pero especialmente con mi Poder Superior, Dios como hoy lo concibo, por haberme puesto en el camino de AA, para que pudiera salvar mi vida, mi familia y todo lo que estaba a punto de perder.

Creo que tengo cierto espíritu de servicio, pero en AA aprendí que sólo si lo hago con amor y humildad vale la pena hacerlo. En Alcohólicos Anónimos finalmente aprendí que, al fin y al cabo, la sobriedad es para ponernos en condiciones de servir a Dios y al prójimo. Y eso es lo único que me ha hecho sentir feliz y útil.

Orlando D., Medellín, Colombia

¿Veterano yo?

Noviembre/Diciembre de 1997

Cuando se habla de los veteranos me imagino a un viejecito de unos setenta o más años de edad con unos veinte, veinticinco o treinta años de sobriedad; el clásico "estadista", callado y esperando ser llamado para esclarecer las dudas, enderezar entuertos, dar una sugerencia, apadrinar a alguien; sentado en las filas traseras, escuchando, dejando que los nuevos y no tan nuevos hablen, discutan y a veces hasta griten o, en el peor de los casos, quieran pelear en las juntas de trabajo del grupo.

La realidad es parecida, pero no igual. Varios que conozco —quizá estén pisando los sesenta años o se hayan pasado— son dinámicos, no faltan a sus juntas, han recorrido toda la estructura de servicio, nunca dicen no, siempre están dispuestos a servir; recorren la ciudad y a veces la república, yendo a compartir su experiencia a los eventos a los que son invitados. También apadrinan a muchos, entre ellos a mí cuando las cosas no salen como quiero, estoy deprimido, desanimado, devaluado, sin ganas de nada. Entonces es cuando reconozco su valía, lo indispensable que son en el grupo y en el servicio.

Mis padrinos han sido y siguen siendo de ésos, los escojo por esos motivos, porque sé que son ejemplo de fortaleza, experiencia y esperanza. Nunca me han defraudado y estoy seguro que nunca lo harán. Dos de ellos han fallecido, el primero de Nayarit, ejemplo de sobriedad en acción, con su familia, en el servicio y en su recuperación. El segundo, dedicado al servicio de la revista Plenitud, supo ganarse el afecto no sólo mío, sino de muchos que lo conocieron.

Y yo, ¿soy o no veterano? Con poco más de 19 años en AA y 56 de edad, estoy entrando a la edad en AA, y cronológica, para "sentirme" veterano, según el estándar que se maneja aquí en México —veinte años de sobriedad—.

¿Son mis actitudes de veterano o de recién llegado? ¿Doy lo mejor de mí mismo en mi grupo, en el servicio y con mi familia? ¿Soy ejemplo de sobriedad y es mi vida digna de ser imitada por los nuevos? ¿En mi familia he sido y soy un padre y esposo amoroso y responsable? ¿En mi trabajo soy un triunfador o un fracasado? ¿Soy testimonio de que el programa de AA sí funciona, en todos los departamentos de mi vida? ¿Me apadrino y apadrino a quien me lo solicita? ¿Soy factor de discordia en mi grupo, en el servicio y en la familia? ¿Puedo permanecer callado, escuchar, aceptar las opiniones ajenas, aunque por dentro piense que tengo razón?

Así podría continuar y las preguntas serían interminables. En resumen, ¿tengo una vida ejemplar en AA, en mi familia, en el trabajo, con mis conciudadanos —llámense vecinos, parientes o amigos—? No podría afirmarlo. Lo más seguro es que no. Entonces, ¿seré o no veterano?

Dejemos que el tiempo lo diga. No tengo prisa por cumplir los veinte años de sobriedad. Al fin y al cabo soy hombre de 24 horas. Pero sí debo mejorar mis juicios y actitudes para que algún día sea merecedor de ese apelativo, que se debe llevar con orgullo, por el reconocimiento que los que vamos siguiéndolos les tenemos, por el cariño que nos merecen, por el respeto al que son acreedores. Aquéllos que toda una vida, vivida día a día, se han entregado a nuestro programa son el testimonio viviente de que sí da resultado; son la sabiduría viviente por haberle encontrado el sabor a la vida, son nuestros ejemplos a seguir. ¡Qué Dios bendiga y cuide siempre por muchas 24 horas a nuestros queridos veteranos!

Fernando Q., México, D.F., México

¿Qué es un padrino?

El que a un buen árbol se arrima buena sombra le cobija

Enero/Febrero de 1998

Hace algunos años cuando empecé a escribir estos artículos que titulo "Los refranes y mi programa" asocié este refrán con la relación especial y maravillosa que existe entre un alcohólico y su padrino. No me refiero, específicamente, a la persona que, por fortuna, te llevó el mensaje, aunque frecuentemente sea el mismo; sino a aquél, de quien después de que te percataste de su follaje espiritual, escogiste libremente, después de ponderarlo, como tu padrino.

¿Qué te indujo a escogerlo? Piensa y medita. Sin embargo, ¿no te has preguntado a veces, dependiendo de cuán acorde está su punto de vista con el tuyo, si habrás escogido bien? ¿Cuántas veces no has contemplado la idea de cambiarlo porque su enfoque no te parece correcto? Al pasar el tiempo, apenas sin percatarte, te das cuenta que su sombra aún está ahí porque, después de todo, tenía razón en sus argumentos. De nuevo te sientes bien y le das gracias al Poder Superior por el árbol que te cobija.

Nuestros miembros más antiguos fueron iluminados por Dios en la creación de esa relación personal de padrino-ahijado. En verdad es una relación rara, ya que en nuestra sociedad de Alcohólicos Anónimos solemos jactarnos de que aquí no se dan consejos ni mucho menos admitimos correcciones. Sin embargo, al escoger padrino ¿no estamos en realidad facultando a ese ser para que nos ayude, de la forma que estime más conveniente, cantándonos las verdades como las ve y aunque a veces nos haga rabiar aun cuando no lo demostremos?

El padrino es un manto protector que te dará sombra duradera, porque aunque tú vayas madurando y adquiriendo más sabiduría en el programa, su experiencia es mayor y ya habrá pasado por lo que tú, no importa el tiempo, estés pasando en cualquier momento. La sombra del padrino estará allí cuando la necesites. Es su obligación y responsabilidad, es un instrumento del Poder Superior que acepta con regocijo su encomienda porque también está consciente que su padrinazgo es la herramienta que le da razón a este Programa, llevar el mensaje al alcohólico que aún sufre. La buena sombra, sin embargo, hay que buscarla. El árbol no se mueve hacia ti para darte sombra, tú tienes que arrimarte a esa sombra. ¿Lo has hecho ya?

Chago R., Lomas Verdes, Puerto Rico

SEGUNDA SECCIÓN

1998-2000

En AA no existen barreras geográficas

Julio/Agosto de 1998

Soy un belga de lengua francesa. En 1993, por mi manera exagerada de beber, vi la muerte muy cerca. Después de una cura de desintoxicación, me hice miembro de Alcohólicos Anónimos: ¡fue lo mejor que me ha pasado en la vida!

Durante mi vida de borracho estaba obsesionado con la búsqueda de una perfección imposible de alcanzar. Mi obsesión con la bebida me causó más decepciones que satisfacciones y así, cada vez que fracasaba, tenía un pretexto para seguir bebiendo.

Con mis compañeros de AA aprendí a hacer una sola cosa casi a la perfección: dar el primer Paso. Recuperé la buena salud, mi trabajo y sobre todo el amor de mi esposa e hijos. En 1995, fuimos de vacaciones a España, un país del cual me enamoré. Pero a pesar de mi alegría (era la primera vez que íbamos de vacaciones a un país extranjero) no me gustó faltar a las reuniones por quince días.

De regreso a Bélgica, busqué una manera de aprender español. Desde el mes de septiembre de 1995 voy a una escuela por la noche para aprender español. La clase se reúne una vez por semana por dos horas y ahora empiezo a hablar, a entender y a escribir en español. Lo que más me gusta es que en el mes de julio de 1996 y 1997 pude asistir a las reuniones del grupo AA español de Benidorm (en la Comunidad Valenciana de España) y espero ansiosamente que llegue el mes de julio para ver de nuevo a mis compañeros de AA de aquel grupo.

Aprendí también que sin servir al movimiento no soy nada. Tengo la suerte que mi casa está muy cerca de la oficina central de nuestra área. Voy semanalmente para contestar el teléfono y el correo. Así es como tuve la suerte de descubrir en el buzón de la oficina un sobre que venía de los Estados Unidos donde encontré La Viña. La leí vorazmente y ahora estoy suscrito. Estoy feliz porque ahora puedo comunicarme en español con otros alcohólicos del extranjero.

En Bélgica, Francia, Luxemburgo y Suiza tenemos una revista como La Viña que se llama Partage ("partage" quiere decir compartir algo con alguien). Ahora cuando recibo Partage y La Viña es como si invitara a un amigo a mi casa. Cada vez que llegan me lleno de gran felicidad.

Hoy día soy un hombre nuevo. Puedo hacer las cosas que no podía hacer antes (como volver a la escuela a los 47 años). Gracias a nuestro programa puedo apreciar cada minuto de mi vida; puedo apreciar las cosas simples; puedo apreciar lo cotidiano. ¡Ahora tengo una moral de hierro! ¿Saben por qué? Porque antes no quería ver que era alcohólico, aunque todos los demás lo veían. Ahora veo que soy alcohólico, pero nadie más lo ve.

Guy B., Quaregnon, Bélgica

No tenía dinero para mis hijos pero sí para beber

Septiembre/Octubre de 1998

Mi etapa alcohólica activa empezó a temprana edad. Me crié en un ambiente donde el alcohol ya había hechos sus estragos: nueve tíos (además de mi madre y abuelo) bebían en exceso, y los espectáculos a los cuales fui expuesto llegaron a avergonzarme sobremanera. Para mí fue completamente normal el que así lo hiciera yo. Fue fácil adaptarme y acostumbrarme a los efectos relajantes del alcohol. Lo que nunca vi fue el daño que esto me acarrearía durante el desarrollo de mi vida como adulto.

A la edad de veinte años monté una discoteca con dos amigos y conocí a mi primera esposa. A los veintitrés años de edad ya estaba divorciado, con dos hijos y una pensión alimenticia que me tenía loco. Incluso estuve preso por no cumplir responsablemente con ellos. No tenía dinero para cumplir con la pensión, pero sí tenía dinero para beber todos los fines de semana.

A los veinticuatro años conocí a una joven de mi misma edad. Fuimos novios durante dos años. Aceptó que la maltratase de palabra, obra y omisión. A esa edad tomé una decisión que nunca me imaginé que me haría pagar el precio que he pagado. Mi novia quería formalizar un matrimonio pero lo que yo quería era seguir disfrutando de mi libertad y seguir bebiendo como a gusto y gana me diera. Y así lo hice. Desde ese momento mi alcoholismo creció. Bebía prácticamente todos los días. Una noche había terminado con un cliente y cuando iba de regreso para mi casa me detuvo la policía. Había estado bebiendo mucho y cometí el error de pelear. Al policía lo atendieron en el hospital y a mí me cosieron la frente. Me botaron del trabajo.

Fue en ese momento que me independicé y me hice agente de seguros. Ahora con más razón tenía que beber porque los mejores negocios se hacían en las barras. Busqué relaciones con mujeres con las cuales me sintiera superior, especialmente relaciones en las cuales yo fuera el proveedor, para de esta forma mantener control y sentirme que era la máxima potencia; y para crear una dependencia total en mí. Todos los años tenía una mujer diferente.

Toda mi vida giraba alrededor de este tipo de comportamiento. Como si fuera un círculo vicioso, tropezaba siempre con la misma piedra. Creía que quería formar un hogar. Ahora me doy cuenta que lo que busqué siempre fue satisfacción personal, tal vez algún tipo de reconocimiento para tapar mis inseguridades o, como ahora lo reconozco, me dejé llevar por mis defectos de carácter —los cuales desconocía—. Mi amor propio estaba por el piso. Me consideraba un dechado de virtudes. ¡Qué equivocado estaba!

Hace unos tres años entré por las puertas de Alcohólicos Anónimos, estuve una semana y entendí que no tenía problemas con el alcohol y me fui. AA no era para mí.

Lo que pasó durante ese próximo año fue peor que lo que me había pasado antes. Incluso intenté suicidarme y hasta eso lo hice mal. Ese momento fue un fondo, pero a todo esto todavía no sabía que era alcohólico. En un momento de lucidez, recostado en la cama, hice lo que ahora sé que se llama un inventario. Empecé a sacar cuenta de las relaciones que había tenido en toda mi vida. Encontré lo que había estado buscando. Todos esos años lo había tenido a mi lado y no lo había querido reconocer. Aquella joven que había conocido de forma casual, y a quien había maltratado de palabra, obra y omisión, era a quien yo quería. Fui a buscarla y la encontré en el mismo sitio, con el mismo teléfono, trabajando en el mismo lugar, soltera. Habían pasado ya quince años.

Se reanudó nuestra relación y pretendí mantener el mismo comportamiento. Pasó aproximadamente un año y durante este tiempo los problemas fueron creciendo y mientras más trataba que la relación funcionara las discusiones empeoraban. En una ocasión ella me dijo que yo tenía problemas con la bebida, y que mi personalidad cambiaba cuando me tomaba un trago. Le contesté que ella era mi problema, no la bebida. La relación llegó a su fin.

Esto ocurrió en febrero de 1997. Creo que bebí todos los días de ese mes. El 28 de febrero, completamente borracho, llené de flores la oficina de mi mujer. Me gasté 420 dólares en flores.

Ella me dijo que si hubiera estado en la oficina cuando llegaron las flores no las habría aceptado.

El 16 de marzo de 1997 volví a hacer un inventario y me di cuenta que en todos y cada uno de mis problemas a lo largo de toda mi vida siempre había existido el denominador común de la bebida. Caí en cuenta que el verdadero problema estaba en mí. Tenía que cambiar de alguna forma y no sabía cómo. Entonces me acordé de nuevo de AA. Había tocado el fondo que tenía que tocar para darme cuenta que mi vida se había vuelto ingobernable. Ahí tomé la decisión de que no me iba a dar el lujo de seguir siendo un fracasado. El 17 de marzo de ese mismo año entré a mi primera reunión de AA. Desde ese momento no he vuelto a ingerir licor. Me di a la tarea de vivir sin beber, a reconocer mis defectos de carácter y aprendí que todas las maravillas de la vida están a mi alcance si me detengo a pensar y a meditar y a reconocer que la sobriedad es mi mayor tesoro. En la sobriedad he podido recuperar mi sano juicio. He aprendido a vivir una nueva vida, soy digno de amar y ser amado, ser feliz y dar felicidad, respetar y ser respetado sin necesidad de pretender controlar o manipular a los demás.

A los tres meses de estar en el programa mi vida empezó a enderezarse. La relación con mi compañera se reanudó sobre unas nuevas bases muy diferentes. Nuestra boda será en mayo. Compramos un apartamento y abrí mi oficina profesional. Vivía en constante guerra y encontré la paz. Para mí los milagros ocurren en el campo espiritual y se manifiestan en el ambiente material. Aquí encontré mi desarrollo espiritual y lo demás me ha llegado por añadidura. El viejo Ramón murió; ahora soy una nueva criatura.

Ramón N.H., Carolina, Puerto Rico

Carta abierta al alcohol

Enero/Febrero de 1999

◆ Cómo llegaste a cautivar tan profundamente mi amistad? Por mi inocencia no me percaté de los sinsabores y dolores, frustraciones y vergüenza que ésta me iba a ocasionar en el transcurso de mi vida según te ibas adueñando de todo mi ser, mente, alma y acciones venideras.

Nací en un hogar humilde de padres abnegados en el trabajo cotidiano, luchando contra las adversidades de la vida para darles a sus hijos un futuro útil con honradez y decencia. Mis padres (q.e.p.d) nunca te recibieron con alegría en el hogar, ya que ellos no eran adictos al licor. Mi padre te saludaba esporádicamente. Mi madre te odiaba hasta lo máximo, ya que te conocía a través de dos de sus hermanos, pues cuando salías con ellos terminaban maltrechos y tú, como si nada, gozando del sufrimiento, bochorno y vergüenza de ellos, sobre todo el de mi abuelita quien, en su silencio y con sus lágrimas, manifestaba su pena y dolor al ver día a día cómo sus hijos se iban destruyendo por causa de tu amistad tan arraigada en ellos. Pero mis tíos defendían tu amistad a capa y espada. Uno todavía bebe, mientras que el otro murió de alcoholismo. Cerveza, whisky, ron, tequila, con más o menor valor en tus precios, en la forma en que te disfraces, eres un azote de la humanidad, la peor de las enfermedades pues tú matas y destruyes hogares completos.

Empecé a beber a los ocho o nueve años. Cuando me tomé el primer trago sentí que algo dentro de mí se transformaba. Bebí a escondidas. Me escabullía del colegio para compartir con otros compañeros. Poco a poco el licor se hizo imprescindible porque dependía de él. Fui a la cárcel tres veces por culpa del licor.

¡Qué sutil y bajo eres! Incluso logras que aquéllos que comparten tu amistad se alejen del seno familiar, que se aparten de sus creencias religiosas. ¡Cuánta pobreza, lágrimas, desesperación, dolor, sufrimientos has llevado a millones de hogares! ¿A cuántos de tus amigos has llevado a las prisiones, hospitales, manicomios y al campo santo? ¿Cuántos conductores al ir manejando ebrios no han matado o mutilado a desconocidos e inocentes? ¿Cuántos hogares están de luto por culpa tuya?

Finalmente llegué a AA, donde sin cobrarme ni un centavo, comenzaron los AA a regalarme sus experiencias y amarguras vividas a tu lado. Al oírlos a ellos me veía en mi propio espejo. Y así con la medicina que nos regala el programa: los Doce Pasos, las Doce Tradiciones, los Tres Legados y otros textos, nos preparamos para mantenerte alejado de nuestros labios sólo por 24 horas. Éste es un programa para toda la vida. Tuve que morir para empezar a vivir y dejar vivir. Me sugirieron que esto es de poco a poco: así el día que mi Poder Superior me lleve a su lado recibirá a un alcohólico, no a un alcoholizado.

Me dijeron los doble A que si me enfermé por la boca, dejándome llevar por mis emociones y machacando mis defectos de carácter, debo comenzar mi recuperación por la misma. Tomé tribuna y, en el tiempo reglamentado, comencé a sacarme un poquito del vidrio molido que llevo dentro de mi ser. De esta forma voy regando con fe mis esperanzas, la sobriedad que tanto ansío encontrar y que voy logrando en AA. No maldigo al alcohol. No le guardo rencor, ni resentimientos. Por el contrario, gracias a la bebida pude encontrar a Alcohólicos Anónimos, recuperar el amor de mis seres queridos, ser recibido nuevamente en el seno de la sociedad, recibir abrazos de mis verdaderos amigos por el cambio que se va operando en mí, 24 tras 24 horas, ser respetado y valorado en mi trabajo. Llevo cuatro años en este camino.

Hoy doy gracias por ser un eslabón más en esta fuerte e indestructible cadena de hombres y mujeres unidos en la lucha común contra el alcohol. No me precio de decir "Más nunca tomaré esta primera copa", pues pondría en peligro mi sobriedad y recuperación. Sólo por 24 horas me cuidaré de no tomar. Gracias a Dios y a doble A hoy poseo las herramientas necesarias para gritarle al alcohol, "Te conozco mascarita". No por eso dejo de trabajar y vigilar mis emociones. Por encima de todo trato de conocer y superar mis defectos de carácter, de limarlos poco a poco. De esta forma no pretendo quedar blanco como la nieve, pero tampoco estoy tan sucio como en mi vida activa de borracho denigrante.

Rufino G., La Habana, Cuba

Un fuerte huracán que arrasó con todo

Marzo/Abril de 1999

Conocí esa primera copa en una reunión a los 19 años. Me mareé un poco. No volví a tener contacto con el vino hasta dos años después. Debido a una ruptura sentimental comencé a tomar cerveza, después tequila, y un 15 de septiembre, el cual en mi país lo nombran "noche libre", durante el mes de la patria tomé tanto que tuve mi primera borrachera. Ése sería el inicio de un camino largo, lleno de dolor moral, físico y espiritual en el cual violaría todos los principios inculcados en mi niñez, perdería los buenos modales y me revolcaría en el fango —y todo a causa de una primera copa—. Lejos estaba de imaginarme el alcance y magnitud del problema que desencadenaría sufrimientos, dolor, amargura y muchas lágrimas.

Mi actividad alcohólica fue aumentando gradualmente sin que yo me percatara. Comencé a descender al abismo del cual casi me costaría la vida regresar. Trabajaba de recepcionista en una compañía. Ahí bebía con los empleados cada fin de semana. Empecé a conocer las "crudas" y me enseñaron a curármelas con otra generosa dosis de vino. Y lo que había sido un día de bebetoria se convirtió en dos, tres y hasta cinco sucesivamente. De ahí en adelante todo iría en retroceso. Las alegres veladas se convirtieron en noches de infierno. Comencé a bajar al oscuro sótano. Cambio de casas, lugares, amistades, viajes, dos parejas, casamiento. Y Yolanda continuaba bebiendo. Mi vida con el alcohol fue un fuerte huracán que arrasó con todo, terminó con todo. Poco a poco fue mermando mi calidad de vida. No me importaba la condición social de las amistades con tal de no estar sola. Bebía todo lo que me ponían por delante.

Me casé con un hombre maravilloso que me amaba y yo a él, pero me saqué el premio… también era alcohólico. Con mi esposo no me hacía falta nada. Todo me lo dio por completo: tuve tres hermosos hijos. Con todas estas bendiciones fui una persona que no supo valorar nada. Creo que por ello lo perdí todo.

El alcohol me empezó a ganar la partida y a pasarme cheques que no había firmado. Para ese entonces ya había pasado varios procesos y me había hecho muchos cuestionamientos respecto a mi forma de beber. Me decía para mis adentros: ¿por qué bebo de esta forma? ¿Por qué me pasa todo esto? ¿Por qué soy infeliz? ¿Qué me hace falta? Preguntas que nunca me pude responder. Mi alcoholismo fue en aumento —siempre peor, nunca mejor—. No podía dejar de beber. Comenzaron los largos y penosos internamientos en clínicas de desintoxicación, con sueros, vitaminas, pastillas para los nervios y para dormir. Llegué a sentirme demente. Tenía delirios de persecución: sensitivos y auditivos. Mis amigos se fueron alejando de mí. "Nací salada", me decía. Jamás me atreví a renegar de Dios, pero mi fe era corriente y no alcanzaba para salvarme.

En este lapso perdí mi trabajo; me corrí yo sola. Ocho horas de labor eran una eternidad para estar abstemia. Además, en mi gaveta había un lugar secreto donde mantenía una anforita de vino. ¡Qué mal me sentía! Peor que una delincuente.

Mi hogar se volvió un caos. No podía atender a otro enfermo igual a mí… era demasiada la carga y no porque no amara a mi esposo. ¿Cómo no amarlo si era el padre de mis hijos? Pero él también padecía de sus emociones, rasgos característicos del alcohólico.

Me caí ebria, me lesioné una rodilla y tuve que acudir al médico de la familia. Al terminar la consulta y pagarle le solté a boca de jarro con mucho temor: "Doctor, yo bebo y quisiera que Ud. me ayudara a no beber". Me preguntó: "¿Por qué bebe?" Asustada, le susurré casi imperceptiblemente: "No sé". Y en realidad no sabía por qué bebía si "lo tenía todo". En ese consultorio, el Dr. Federico me dio el mensaje de vida de AA. "Vaya lo más pronto posible a AA", me dijo.

Llamé para que me dieran información y esa misma noche acudí a un grupo de AA donde me recibieron muy bien. Se me regaló mi primera junta de información, la cual nunca olvidaré. Le platiqué a mi esposo todo lo que escuché y lo invité para que él también fuera al grupo de AA. Él acudió y hace ya veintitrés años que no bebe. Yo estuve "seca" en el grupo dos años y once meses. Estaba mirando sin ver y oyendo sin escuchar. No hice cambios. No caminé por rutas espirituales, como dice Bill W. De nada sirvió ese tiempo. Tan sólo permanecí abstemia porque el conocimiento de un Poder Superior y el cambio de actitudes son fundamentales para que cristalice la sobriedad real.

Descendí a la ignominia. Me hundí para siempre. Aquí sólo el Poder de Dios, como yo lo concibo, y la mano de AA, podrían salvarme. ¡Qué loca y ciega fui! Estando en AA me salí, cambié la luz por la horrible oscuridad... la vida por la muerte.

En 1981, en estado de ebriedad, me sobrevino un terrible accidente automovilístico que marcaría mi vida para siempre. Un fatídico día invité a mi primo para ir a visitar a una antigua compañera de trabajo. En el trayecto compramos vino. Se improvisó una comida en la casa de Isela y comencé a beber como jamás lo había hecho. Quería huir, quería escapar no sé de qué.

No recuerdo nada hasta el día de hoy, sólo que bebí mucho. La camioneta chocó contra un árbol y perdí el conocimiento por 48 horas.

¿Por qué no entendí, por qué no comprendí a tiempo? Cuánto dolor y sufrimiento me habría ahorrado. He aprendido que "el hubiera" no existe. Todo fue locura y caos para mis familiares en el accidente. Hubo dos muertos instantáneamente... mi antigua compañera de trabajo, Isela, quedó muda por la impresión de encontrarse entre los muertos. Según el informe médico, su bebé de cuatro meses quizá nacería mal o lo perdería.

Fui trasladada a la Cruz Roja en un helicóptero de rescate. Literalmente iba muerta. En vida, jamás pude con la primera copa. ¡Estaba comprobado de sobra!

Permanecí cuatro meses internada en el Hospital 20 de Noviembre, luchando entre la vida y la muerte. Dios mío, ¡qué dolor físico; cuánta miseria humana! A los dos meses de estar en esta institución médica, mi doctora me dio la puntilla con su diagnóstico médico. "Yolanda", me dijo una mañana fría, "su accidente fue muy grave y los otros médicos que la atienden y yo llegamos a la conclusión que no podemos hacer más, su lesión fue a un nivel muy alto y Ud. quedará paralítica para toda la vida".

No existen palabras para relatar todo el caudal de emociones que viví cuando recibí esa terrible noticia. No volvería a caminar jamás... jamás. Y todo a causa del alcohol y a la vida sin gobierno.

Han pasado los años, y hoy vivo recluida en mí recámara sin poder caminar. Pero gracias a Dios estoy feliz, me siento plena con lo que tengo, que es mucho. Al fin paré de beber y de auto destruirme. Me acepto, me valoro y me respeto así como estoy, así como soy. Sin embargo, hoy no volvería a beber ni aún pudiéndolo hacer. He aceptado alma y corazón adentro que soy alcohólica y que no puedo con esa primera copa.

Soy miembro del boletín "RIS". Cuando ya no pude más, pedí ayuda a Dios y a la OSG de mi país. Mi padrino en AA me había llevado la información del "RIS" y un bendito día escribí pidiendo ayuda. Esa mano generosa de AA no se hizo esperar y por fin el sol brilló para mí bajo la resplandeciente luz de AA. Lo perdí todo, pero gané la sobriedad de hoy. Es el mayor tesoro que poseo y no lo cambiaría por nada.

Hoy estoy divorciada. Tengo tres hijos y tres nietos. Leo, creo en mi Poder Superior y lo amo, tengo fe, le escribo a los AA solitarios como yo —en barcos, faros, presidios, rancherías, donde quiera se encuentren—. Les escribo con el amor y la esperanza que he recibido en AA.

Yolanda L.T., México, D.F., México

Dejar de beber no es una decisión ligera

Mayo/Junio de 1999

Quizá yo esperaba que me admiraran como un héroe contemporáneo, o que tal vez alguien llegase de sorpresa, con el corazón muy acelerado, y me felicitara. Pero para mí eso no era suficiente; algo faltaba. Lo había hecho todo para dejar de beber y aunque tenía el ego desinflado me creía bajado del cielo.

Había sido intolerable desde el punto de vista de la fe y de la moral aceptar mi alcoholismo como una enfermedad —lo consideré como una de mis mayores tragedias—. La bebida era un tema que no quería tocar y que no era grato. Defendía mi manera de beber con convicción. Cuando me atacaban podía permanecer callado, o manifestaba una tremenda timidez que dejaba ver una inconsciente incomodidad; a veces lo hacía con la excesiva beligerancia correspondiente a quien tiene creencias más profundas. Me parecía natural que fuera así.

Todo el mundo me preguntaba: ¿Por qué bebes tanto? Me interesaba la pregunta, pero no la respuesta si no me permitía seguir bebiendo. La aceptación no me entusiasmó o satisfizo pues me llevó a un grupo de Alcohólicos Anónimos. Reconocer mi alcoholismo fue un recurso extremo e ingrato al que me resigné, calificándolo de un mal menor. Llevaba mucho tiempo negando mi alcoholismo y desconocía que tenía una enfermedad. También ocultaba el ir y venir por los consultorios de los más diversos especialistas exponiendo mi pensar y mi preocupación. Me acostumbré a que no me tomaran en serio. La mayor falacia de mis argumentos era que los esgrimía como si nunca me hubiera tomado la primera copa, como si el alcoholismo existiera porque existe Alcohólicos Anónimos, cuando en realidad la enfermedad ha estado presente desde tiempos inmemoriales, lo acepte yo o no.

Para los AA resulta absolutamente inútil discutir si el alcoholismo es hereditario, si es costumbre social o sólo, como se conoce aún, un vicio. Lo único que es definitivo es que el alcoholismo —llámese como

41

se llame— es una amenaza cierta para la vida. Por otra parte, el que yo iba a dejar de beber ya no era noticia para nadie; sobre todo para mis más allegados. Para mí, hacer promesas e incumplirlas era común.

Otra cosa que no me quedaba clara era si es sólo un asunto de interés para los científicos que suelen pronunciarse de una manera u otra de acuerdo a sus investigaciones. También me parecía respetabilísima la convicción de quienes sostienen —guiados por su fe— que ellos no tienen problemas por su manera de beber.

Tampoco me interesaba lo que la gente pensaba de mí, aunque sí le daba importancia a lo que me decían. Mas para mí lo más difícil era escuchar; hubo momentos en que lo más importante era beber y no me convencía de que existiera en la naturaleza nada que superara el efecto del alcohol. Me decía a mí mismo "¿qué hay de malo en la bebida mientras se consuma con control?"

Ya dentro de AA le encuentro significado a la aceptación pues entiendo que se trata de permitirles a las personas que no pueden o no quieren interrumpir su ingesta alcohólica que —dentro de ciertas condiciones— puedan recibir ayuda sin ningún requisito o que lo realicen de manera informal sin ser criticados por ello. Y también sé que es coherente con los principios de cada cual en AA tratar de hacer el trabajo de Paso Doce. Por lo mismo, dentro de AA no se atropella a nadie, ni se aplican medidas de coerción para obligar a las personas a ir a un grupo de AA.

La clave está en querer dejar de beber, pero sólo el enfermo puede tomar esta decisión. Y ésta no es una decisión ligera, sino difícil y a veces traumática. La familia puede aconsejar, pero solamente el bebedor problemático, después de evaluar con pleno conocimiento su situación, es quien puede tomar la decisión de ser o no miembro de AA. Tomar esta decisión es un acto trascendental de aceptación.

Gustavo H., El Hatillo, Venezuela

Me llamo Natalia
y soy alcohólica

Marzo/Abril de 2000

Hola amigos, me llamo Natalia y soy alcohólica! Es curioso lo natural que ahora me parece esta palabra, y lo espeluznante que me parecía en otros tiempos.

Desde que fui a AA, esta frase tan habitual allí: "me llamo Natalia y soy alcohólica", es para mí el primer síntoma de mi recuperación y de la aceptación de mi alcoholismo.

Empecé a beber a partir de los veinticinco años. Fue a raíz de un conflicto familiar que me dejó profundamente marcada. Ese día, que no olvidaré nunca, me emborraché por primera vez en mi vida, y fue el comienzo de una etapa alcohólica que me duró diecisiete años.

Esos años fueron para mí una experiencia terrible. La amargura, el sufrimiento, la soledad y la incomprensión fueron la tónica habitual de este tiempo de horror en el que perdí muchas cosas, pero la pérdida peor fue la de mi propia estimación.

El alcohol se convirtió en el acompañante inseparable de casi todas mis actividades. Bebía en las alegrías, en las tristezas, en los días de sol y en los nublados, al comenzar una nueva relación sentimental y al finalizarla, al comenzar los estudios y al terminarlos (curiosamente aprobaba en los exámenes)…

En fin, tenía que beber para casi todas las actividades de mi vida. Una copa me animaba, me quitaba las tensiones, quitaba mi timidez y me convertía en una mujer brillante, o al menos eso me creía yo. Después, el tiempo me demostró que eso era un engaño.

Dejé la casa de mis padres para poder emborracharme sin testigos y sin los consiguientes reproches. Tenía un trabajo y podía ser autosuficiente. El hecho de vivir sola y de cambiar de ciudad no mejoró mi problema. Porque el alcohol se había convertido en un problema para mí. Quería dejar de beber y no podía. Necesitaba la copa para casi todo lo que hacía.

43

El alcohol me impedía disfrutar de las cosas, de los amigos, de las fiestas y espectáculos, del amor y de la compañía. Estaba siempre angustiada pensando cómo me podría tomar la próxima copa sin que me vieran, tenía la sensación de no saber para qué estaba en este mundo.

Empecé a notar que los amigos se sentían mal a mi lado cuando estaba muy cargada, y decidí entonces dejar de frecuentarlos y beber sola en casa, y así me convertí en una bebedora solitaria.

Cuando quería o tenía que acudir a algún acto social, llevaba en mi bolso de mano pequeñas botellas llenas de algún licor muy fuerte, para así compensar lo reducido del recipiente. Bebía a escondidas en los servicios.

Mi sistema nervioso se deterioró, el sueño empezó a ausentarse de mis noches cada vez más largas y negras, y me empezaban a temblar las manos, y tenía que tomarme un par de copas por las mañanas (aguantando las náuseas) para que mi pulso se afirmara.

Comencé a faltar al trabajo, y al mismo tiempo empecé un largo recorrido por los centros de desintoxicación, de los cuales salía nueva y con ganas de dejar de beber, pero al poco tiempo volvía a engancharme.

Tenía unas tremendas ganas de dejar de beber pero no podía. El alcohol era mi dueño, mi amor, mi compañero insidioso y traicionero. Harta de sufrir intenté suicidarme en dos ocasiones. Me salieron mal las dos tentativas y acabé resignándome a vivir bebiendo, y a morir también, enganchada a una botella.

Me convertí en una bebedora cíclica, con largos períodos de abstinencia, en los cuales intentaba normalizar mi vida, para acabar inmersa en el alcohol antes o después.

En uno de esos períodos de sequedad, estaba yo con unos tremendos deseos de beber, y estaba cavilando si bajar al bar por una botella, o cortarme la yugular, pues sabía cómo hacerlo para que esta vez mi muerte fuera segura, y así terminar de una vez con mis sufrimientos, cuando entre estas dos opciones me vino a la mente una tercera opción. Me la había insinuado uno de mis muchos psiquiatras que habían intentado sin éxito solucionar mi adicción al alcohol. ¿Por qué no vas a Alcohólicos Anónimos?, funcionan bastante bien..., ni para qué decir que en el momento en que me lo sugirió, ni caso le hice. Me parecían una pandilla de mendigos y desarrapados, que dormían debajo de un puente y guardaban la botella en el bolsillo de la gabardina. ¡Qué equivocada estaba!

Pero sigamos con el día en que yo andaba desesperada dudando entre quitarme la vida o bajar por una botella.

Al venirme a la cabeza esta sugerencia del psiquiatra, pensé ¿por qué no? Ya no tienes nada que perder y quizá estas personas te puedan decir algo que te sirva, a peor ya no puedes ir, y tú ya no puedes más. Después me enteré que eso significaba que había "tocado fondo".

Así que llamé por teléfono; me contestó un miembro de AA, que habló largamente conmigo y me animó a ir esa misma tarde a mi primera reunión de AA.

Y así se produjo la mejor circunstancia que me ha ocurrido en la vida. Me recibieron de manera cálida y ya en la primera reunión me sentí bien entre ellos.

Eran personas que sentían de manera parecida a la mía, estaban sonrientes y, al parecer, habían alejado el alcohol de sus vidas.

Yo, que hasta ese momento veía mi horizonte totalmente negro, intuí que quizá algún día podría sentirme tan bien como ellos.

De aquella primera reunión saqué tres cosas en claro: la primera, que se podía dejar de beber —cosa que yo deseaba con todas mis fuerzas—; la segunda, que tenía que hacerlo sólo por 24 horas; y la tercera, que era requisito indispensable acudir a las reuniones de AA, porque una no puede dejar de beber sola, algo que yo sabía de sobra.

Así que, como ya nada tenía que perder, estuve acudiendo diariamente a las reuniones de AA durante mucho tiempo.

Aprendí a compartir con los otros alcohólicos, a hablar contando mi historia alcohólica y no alcohólica.

Poco a poco mi sueño se fue normalizando, mi sistema nervioso también, y un buen día me di cuenta que ya no tenía ganas de beber. Empecé a reírme junto con los AA. Mi optimismo creció, mis relaciones sociales empezaron a mejorar, veía el sol y empecé a sentir eso que llaman "alegría de vivir".

Han pasado algunos años, y cada vez me siento mejor. Estoy contenta, he aprendido a vivir lo que me depara el día en sus 24 horas, sin angustiarme por el pasado ni por el futuro.

Hoy puedo alternar con los amigos sin necesidad de llevar una botella escondida en mi bolso. Y aunque en la vida sigue habiendo momentos buenos y malos, cuando tengo algún día negro me digo a mí misma: "cuando bebías todo era mucho peor".

Mis perspectivas de futuro son totalmente distintas. Ahora lo veo bajo otro prisma.

En AA encontré amigos sinceros, encontré comprensión y ayuda sin pedirme nada a cambio. Sigo acudiendo de vez en cuando a las reuniones de AA para ver a los antiguos amigos de allí, con los cuales comparto y me identifico.

Mi vida ha cambiado y nunca dejaré de bendecir el momento en que pisé aquel lugar donde se reúnen los AA.

Es lo mejor que me ha ocurrido en los muchos años que tengo, y quiero dejar este mensaje de esperanza para todos aquellos que aún están sumidos en el infierno del alcohol.

¡Amigos: se puede dejar de beber y disfrutar de una vida plena!

Natalia P., Madrid, España

Soy quien soy

Mayo/Junio de 2000

Soy miembro de Alcohólicos Anónimos desde hace ya varias 24 horas y "soy quien soy". Desde el día en que llegué a esta Comunidad me informaron que el único requisito para pertenecer a ella era el deseo de dejar de beber.

Empecé a beber a la edad de 12 años, y aunque compartí en el grupo donde me inicié la burla y el desprecio de que fui objeto desde mi niñez por el hecho de ser homosexual, esto no fue motivo de preocupación para mis compañeros.

Crecí y viví con miedo por mi orientación y, por lo tanto, el beber era un escape porque en mi país, El Salvador, la intolerancia con quien es diferente es muy grande.

Recuerdo que en una ocasión un individuo me dijo: "Un verdadero hombre es aquél que bebe trago fuerte, tiene muchas mujeres y pelea contra aquél que se atreva a quitárselas", como los tipos de las películas mexicanas que tanto nos han enseñado e inspirado a nosotros los salvadoreños a ser más machos. Me decían: "tú, en cambio, eres una vergüenza". Yo viví en la vergüenza y el miedo.

El contacto con mi padre alcohólico fue también muy difícil. Él abandonó a mi madre antes de mi nacimiento, y desde mi niñez me inspiraba temor cuando lo encontraba, por miedo a que me acusara de que yo no era todo un hombre.

Como vivía en un lugar remoto de mi país, caminaba dos kilómetros con el fin de ir a la escuelita del cantón. Mis compañeros me ponían toda clase de apodos y de esta manera me sentía acorralado.

Llegué hasta odiarme a mí mismo y caer en dependencias horrendas y una de ellas fue el alcoholismo.

Hoy, gracias a Alcohólicos Anónimos, he aprendido a ser responsable y la mayor de esas responsabilidades es amarme y aceptarme a mí mismo, así libero el sufrimiento y el resentimiento. Mi alma estaba llena de heridas y dolor, pero la sanación la continúo a través de aplicar la filosofía de los pasos espirituales del programa. Estoy trabajando con el perdón, asisto a las reuniones que más puedo y vivo el sentido de las tradiciones para poder sentirme bien con la colectividad.

En Montreal, lugar de mi residencia, vivo esta transformación. Mi deseo es vivir dentro del círculo de los Tres Legados de Alcohólicos Anónimos y mantenerme así en armonía y equilibrado. Soy también de la opinión que, como lo establece el Quinto Concepto, "las minorías deben ser escuchadas". Personalmente vivo como la mayoría, tratando de ser útil y feliz.

Escribo estas palabras con la esperanza de que sean motivo de unidad: "todo viaje de mil millas comienza con un paso".

La vida es un regalo; aceptémosla.

Anónimo, Montreal, Canadá

2000-2002

Los tres pasos para motivar el servicio

Julio/Agosto de 2000

"Así como hay muchos alcohólicos que necesitan el mensaje de AA, así también hay muchos que necesitan el mensaje del servicio", Sigifredo E., Morelia, Michoacán

Dios me ha concedido el privilegio de prestar servicio en distritos y áreas durante algunos períodos. Durante más de quince años he salido a compartir a muchos lugares y frecuentemente se presenta la oportunidad de motivar la práctica del servicio.

He aprendido que no es fácil motivar el servicio; quizá el intentar convertir un compañero en servidor sea tan difícil como convertir un borracho en AA.

Aquí se presenta la pregunta obligada: ¿por qué es tan difícil motivar, en el sentido de que son muy pocos los que responden al llamado del servicio?

Siendo honesto, tengo que reconocer la ignorancia y poca observación que tuve durante algún tiempo; sólo a través de la experiencia aprendí que la sencillez es la mejor manera de transmitir cualquier mensaje. Y digo esto porque no sólo para el servicio se requiere motivación.

Todo AA se ve algún día ante la necesidad de motivar: el mensaje de AA, el uso de la tribuna (podio), la lectura de las publicaciones y la práctica del servicio, y es menester conocer algunos elementos de apoyo que ayudan a tener mayor posibilidad de éxito.

La motivación de cualquiera de los cuatro aspectos anteriores requiere un proceso de tres pasos: informar, explicar y dar testimonio.

Para transmitir el mensaje de AA primero debo informarle al "duodécimo" la existencia de un lugar donde puede encontrar la solución, e informarle los aspectos generales de la agrupación. Luego habrá que explicarle cómo funciona AA, sobre todo cómo practico mi programa.

Y finalmente le doy mi testimonio personal (que es la parte esencial de toda motivación) compartiéndole las bondades y beneficios que he obtenido.

De la misma forma, cuando quiero motivar el servicio lo hago bajo el mismo procedimiento: el nuevo miembro debe saber que el servicio existe y la necesidad de que alguien lo realice. Muchos compañeros no lo hacen, no porque no quieran colaborar sino porque no tienen información de lo que se hace a lo largo de la estructura de servicios generales. Más adelante explico la forma como hago el servicio, cuáles son las funciones, responsabilidades, procedimientos y objetivos. Esto para que después no haya pretexto de no saber cómo se hace. Finalmente comparto los logros espirituales y satisfacciones que se obtienen como recompensa, dando testimonio de la efectividad de sacrificar tiempo, dinero y esfuerzo.

Asimismo, para motivar el hecho de hablar en la tribuna, de leer nuestra literatura, o cualquier otro tipo de motivación, me debo limitar a informar sobre la existencia de lo que quiero motivar, explicando su funcionamiento y reportando el resultado que he obtenido.

Pero hay algo más, igual de importante. Mi función motivadora debe terminar allí, dejando en completa libertad a la otra persona para que tome la decisión final. Porque si sigo insistiendo, entonces caigo en actitud de convencimiento; y existe una gran diferencia entre motivar y querer convencer. El error que repetidamente se presenta consiste en forzar sutilmente, en presionar psicológicamente, en empujar al candidato a que tome la responsabilidad que yo espero; entonces, ya no estoy motivando únicamente, sino que pretendo convencerlo de que preste el servicio.

El objetivo de una buena motivación es que el candidato se convenza él mismo, y no que se sienta presionado por mi insistencia.

Cuando intento convencer a alguien, en vez de motivarlo, inconscientemente estoy propiciando el ambiente para generar resentimientos, ya que puedo resentirme si no admite mi mensaje o puede resentirse si me muestro necio y tendencioso con él.

Muchos servidores caemos en un círculo vicioso; al no saber motivar nos encontramos con el rechazo del compañero y, por lo tanto, nos resentimos; esto hace que en la siguiente ocasión seamos más agresivos aún en la motivación; esto genera resentimientos en el compañero porque se siente regañado y entonces muestra más rechazo... y así sucesivamente.

Por eso son pocos los que aceptan el mensaje del servicio, a pesar de existir abundante "motivación". Quizá haya necesidad de reflexionar sobre la forma de motivar.

Finalmente, no debo preocuparme si alguien no presta el servicio después de mi motivación. Esto sería tomarlo muy en serio. Mi deber es respetar su reacción; sus razones tendrá para no hacerlo. Lo importante es que ya sembré la semilla del servicio... y algo que será muy útil el día de mañana: cuando el compañero se decida a servir, recordará la buena impresión que tuvo del servidor que lo motivó sin presionarlo.

Compañeros: cuestionen y juzguen la ineficacia, inutilidad o incorrección de estos tres pasos para motivar el servicio. La certeza que yo tengo es que no estoy teorizando, ya que en la práctica éstos me han dado resultado... de ello existen testimonios.

Anónimo, Distrito 19, Región del Pacífico

Carta a una recién llegada

Julio/Agosto de 2000

Querida amiga: Quizá te sorprenda esta carta, quizá no. Hace tiempo que he oído hablar de ti, aunque no te conozco personalmente. Para mí fue una sorpresa cuando te escuché decir por primera vez que tenías problemas con el alcohol. Quizá te parezca raro o duro, pero yo sentí un poco de alegría. No porque tuvieras problemas con el alcohol, sino por las oportunidades que esto podría proporcionarle a tu vida. Pero mi verdadera alegría fue cuando te oí decir que eras alcohólica y hablar de lo difícil que es aceptarlo y pedir ayuda. Pero lo hiciste. Y ahora eres uno de los nuestros.

Te preguntarás por qué te digo todas estas cosas, pero es porque yo también soy alcohólica y voy a cumplir siete años en el programa de Alcohólicos Anónimos, viviéndolos "un día a la vez", y han sido los mejores años de mi vida.

Yo me identifiqué contigo cuando hablaste de lo difícil que fue para ti pedir ayuda, porque a mí me pasó igual. También se me hizo difícil aceptar mi enfermedad por muchas razones. Era mujer ("los alcohólicos son hombres") y joven. Bebía mayormente los fines de semana. Bebía con mi dinero. Presuntamente no le hacía daño a nadie. Trabajaba mucho, era responsable y merecía tomarme unos tragos para alegrarme y calmar los nervios. Y así fue por muchos años. Pero yo no sabía que estaba enferma y que esta enfermedad es progresiva e insidiosa, y no terminé bebiendo en la misma forma que comencé. Ya no terminaba bebiendo tan alegre. Terminé bebiendo en la alfombra de la sala. Comencé a tener lagunas mentales y no recordaba qué había pasado la noche anterior, ni dónde o con quién había estado. Y al otro día, además de la resaca física, tenía una resaca emocional, porque sabía que me estaba haciendo daño a mí y a mis seres queridos. Entonces, traté de cambiar mi forma de beber: menos cantidad, con menos frecuencia, y otro tipo de bebida. Pero siempre terminaba mal. Quise dejar de beber y no pude. Había tocado fondo.

Pero Dios, con su Divina Bondad, puso en mi camino a Alcohólicos Anónimos. Llegué allí a buscar una solución a mi problema con la bebida y, para mi sorpresa, me encontré con una forma de vida nueva y diferente, de la cual hoy vivo enamorada. Hoy mi vida ha dado un giro de 180 grados en todos los sentidos. Hoy soy feliz, a pesar de los pesares. He aprendido a conocerme a mí misma. Hoy por primera vez en mis años sé lo que es tener "paz interior". Hoy disfruto cada una de las 24 horas que mi Poder Superior me ofrece todos los días. Hoy vivo para dar y me siento bien. Ya no sufro como antes, ni mis seres queridos tampoco. No me siento orgullosa de ser alcohólica por todo lo malo que hice a consecuencia del alcohol, pero sí porque, gracias a Dios, conocí al programa de AA. Hoy sé que la vida no se compone de una lista de obligaciones, sino de una lista de oportunidades. Y quiero aprovechar cada una de ellas. A ti te acaban de ofrecer una en bandeja de plata, gratis, como tú dijiste. Ojalá te decidas a aprovecharla. Depende de ti. Te garantizo que no te arrepentirás.

Una hermana en el dolor y en la sobriedad.

Mildred V., San Juan, Puerto Rico

Verdaderamente libres

Septiembre/Octubre de 2000

Hoy, como todos los lunes desde hace dos meses y medio, participé en la reunión de AA en español en la cárcel de Las Vegas, en la cual me encuentro desde hace tres meses, como parte de una sentencia condicional por seis meses que dictó el juez, quien no me envió a prisión pero sí quiso que estuviera aquí con el fin de meditar.

Llegué a los EE.UU. en diciembre de 1998, hace escasamente un año y tres meses, con sueños, anhelos y esperanzas de iniciar una nueva vida.

Hace catorce años mi padre llegó a este país en busca de trabajo y de una vida mejor para toda su familia. Yo tenía en ese entonces trece años de edad, hijo y nieto varón mayor de una familia trabajadora y unida.

Por aquellos años yo era un hombre con buena perspectiva, inteligente, servicial, educado, con buenas costumbres adquiridas durante mi infancia. Participé en un sinnúmero de congresos juveniles cuando era explorador (boy scout) en Perú, mi país. Incluso promoví charlas contra la pornografía, el abuso del alcohol y de las drogas.

A medida que avanzaban los años en la escuela, iba adquiriendo nuevas "amistades" y mucha más "libertad"; ya no tenía el control de mi padre y súbitamente me desvié del buen camino, hasta el punto que a los dieciséis años de edad ya tenía contacto con el alcohol y la

54

marihuana, más por insistencia mía que por presión de mis amigos. Mi única preocupación eran las fiestas, las novias, las drogas y los amigos, no entendiendo, los que me conocían, qué me había ocurrido; lo cierto es que empecé a perder mis valores morales, mi madre se vio impotente ante mi cambio de carácter y mis vicios. Abandoné la escuela y dejé de visitar a la familia de mi padre.

Mi padre llegó de los EE.UU. a visitarnos por espacio de dos meses, tiempo en el cual no consumí drogas y tuve un buen comportamiento sólo por su presencia. Aunque él tenía conocimiento de mis problemas, nunca me confrontó. Él regresó a los EE.UU. y yo continué con mi vida ingobernable. A los diecinueve o veinte años fui a vivir con mis abuelos debido a que mi madre no me podía gobernar y, "gracias a mí", creo que ella se refugió en el alcohol. Mis hermanos, mi madre y toda mi familia sufrieron muchos maltratos y vergüenzas en las comisarías y juzgados por mi causa.

A los veintitrés años de edad estuve interno en un centro de rehabilitación por algunos meses, pero aunque deseaba sinceramente rehabilitarme no tenía la fortaleza emocional ni espiritual para hacerlo y, por lo tanto, caí todavía más bajo. Me convertí en un ermitaño, encerrado y preso dentro de mí mismo. El Dios que siempre concebí no escuchaba mis súplicas.

A los veinticinco años de edad recibí noticias del consulado americano que me concedían la visa de residencia, producto del esfuerzo de mi padre por muchos años para darnos una vida mejor y reunirnos de nuevo, ya sin mi madre porque ella se había separado de mi padre; había encontrado a Dios y ahora tiene su propia familia.

Como tenía que estar recuperado para la entrevista con el cónsul, ingresé en un programa para fármacodependientes en un hospital psiquiátrico. Todo salió bien y obtuve mi visa para viajar a los EE.UU. Le di gracias a Dios por esta nueva oportunidad de recuperación con el convencimiento de que todos mis problemas se acabarían y me alejaría del lugar en el cual sufrí durante tantos años.

Llegué a los EE.UU. cargado de sueños y esperanzas pues ya no sufriría nadie por mí. Desde el primer momento le eché ganas, comenzando a estudiar y a trabajar. Reinaba la armonía y felicidad en nuestra casa. Decidí llevar una vida normal bebiendo de vez en cuando, olvidando los consejos del psicólogo: "personalidad compulsiva, sin juegos, ni drogas, ni alcohol".

Tuve una relación sentimental con una chica con quien me quería casar y formar una familia, pero todo se derrumbó. Empezaron los problemas con mi padre, debido a que nuevamente volví a la misma vida de antes: alcohol, drogas, etc. No hay frase más verdadera y exacta que la del primer paso: "Con una copa en la mano, hemos deformado nuestra mente hasta tener una obsesión por beber tan destructiva que sólo un acto de la Providencia puede librarnos de ella".

En los meses de junio y julio de 1999 tuve problemas con la justicia, un accidente de automóvil, perdí a mi novia y descontrolé a mi familia. Además, me sacaron borracho de un lago en Las Vegas donde estaba ahogándome, gracias a dos muchachos que no sé de dónde aparecieron. Me rescataron del agua y por eso estoy vivo. Ésta fue una experiencia terrible que viví en mi carrera de alcoholismo; pero ese Dios que me había escuchado antes, nuevamente había demostrado su bondad hacia mí salvándome de las aguas.

A la semana siguiente de esa terrible experiencia volví a beber y tuve un enfrentamiento con mi padre; lo culpé por mi enfermedad al no estar conmigo cuando lo necesité. Mi padre me dijo que yo podía salir de esa situación en la que me encontraba conforme lo había hecho en diferentes ocasiones. Al día siguiente mi padre me dejó en la puerta de AA. Yo ya tenía conocimiento de los Doce Pasos de AA. Como tenía un problema con la justicia a causa de mi alcoholismo y pronto iría a un juicio, me encontraba desesperado, pero en AA encontré consuelo y ayuda, más de lo que yo esperaba, comprensión, y la respuesta a todo lo que me pasaba. Estoy enfermo y debo enfrentar y aceptar mi enfermedad.

Desde que llegué a AA en agosto de 1999 hasta el día del juicio en octubre del mismo año, sentí mucho apoyo y comprensión de mis compañeros. Tuve tres cargos, me absolvieron de dos y resulté culpable de uno. Salí con fianza hasta que me dictaron la sentencia en diciembre de 1999. Después que el fiscal pidió de cuatro a catorce años de cárcel, pude defenderme, por lo cual el juez me comprendió y me dio cinco años de libertad condicional, pero quiso que pasara seis meses en el centro de detención donde me encuentro. Los primeros días fueron muy duros, pero medité mucho en todos los errores del pasado no sin comprender que ya tenía la ayuda de Dios y de AA.

A los tres meses de estar detenido se abrió en ese centro un grupo de AA en español con tres personas, con el nombre de "Verdaderamente libres", y empecé a practicar el programa en toda su extensión y veo que todo mi sufrimiento se ha transformado en paz y libertad.

En la actualidad hay 21 personas en este grupo, con reuniones los lunes, y nos permitirán las reuniones los domingos también. Estoy muy contento y agradecido por todo lo que Dios me ha dado y a Él le pido que nunca me aparte del camino de AA.

Gracias a Dios me redujeron el tiempo de detención a cuatro meses. Siempre me entrego a Él noche a noche y con los instrumentos del programa seguiré el camino de AA. Tengo también a mi familia tratando de entenderme y apoyarme. Sólo debo pedirle: ¡Hágase tu voluntad, Dios mío!

Miguel Ángel Q., Las Vegas, Nevada

En la bonanza, mudanzas...

Noviembre/Diciembre de 2000

A menudo nos resulta un misterio haber dejado el alcohol. Muchos pensamos que sólo un milagro hizo que paráramos de beber. En mi caso lo hizo mi Poder Superior. Yo no estaba en condiciones de hacer nada por nadie y mucho menos por mí.

Suele ocurrir que algunos compañeros dan la impresión de haberse quedado sólo con aquello de "hoy no chupé...". Al principio el grupo los escucha en silencio, pero pasado el tiempo el mismo grupo sutilmente comienza a sugerirles a esos compañeros la conveniencia de empezar lentamente con los cambios. Éstos pueden ser muchos y variados.

La experiencia del programa de AA es que sin cambios personales no hay una recuperación genuina. Algunos de estos cambios pueden notarse a simple vista y otros no. El aseo personal, asumir obligaciones y cumplirlas, aprender a dialogar, escuchar, compartir, prestar servicios, etc. ¡Éstos son cambios que se ven! Pero otros cambios son más íntimos y espirituales y suelen notarse más que los visibles. Tienen mucha importancia. Suponen la práctica de los Doce Pasos como modo de vida. La conveniencia de su práctica no es meramente una sugerencia. Lleva implícita una obligación para el propio bienestar personal de cada uno de nosotros.

Cuando ya tenemos la dicha de disfrutar de la sobriedad, es conveniente afrontar los cambios personales. ¡En la bonanza, mudanza...! Con el apremio y sinceridad que nos sugiera nuestra propia conciencia, procuraremos afrontar algunos de esos cambios. Pero necesitamos ayuda, como siempre, en AA.

Nuestro padrino puede ayudarnos y el Quinto Paso es quizá la clave para intentarlo. También suele ser útil plantear en las reuniones cerradas nuestro deseo de cambiar, pidiéndoles a los compañeros que nos ayuden. Pero antes de afrontar cualquier cambio debo responder sinceramente una pregunta: "¿Deseo cambiar íntima y espiritualmente o prefiero seguir como estoy ahora?".

¡Sólo yo puedo responderme esa pregunta! ¿Quiero hacerlo?

Oscar P., Olivos, Argentina

Un ángel en la tierra

Enero/Febrero de 2001

Desde muy niña me enseñaron que tenía en el cielo un angelito de la guarda que me cuidaba de día y de noche, pero nunca me dijeron que también había ángeles en la tierra. Yo tengo el mío.

Hace mucho tiempo tenía deseos de escribir. Siempre me gustó escribir pero creo que no me resolví a hacerlo antes porque, en los últimos años, cada vez que lo hacía estaba ebria y llorando.

No siempre fui así porque considero que fui una niña feliz, a pesar de haber crecido rodeada de personas que bebían constantemente. Ya en mi adolescencia empezaron a cambiar las cosas para mí; siempre creí que podía hacer y decir todo lo que yo quisiera porque muy pocas veces me equivocaba. Empecé a beber sin gustarme el olor ni el sabor del licor pero, poco a poco, me acostumbré a él por los efectos maravillosos que me producía: yo era la más alegre, la más bonita, la más imaginativa y muchas otras cosas más.

Me casé a los dieciocho años de edad porque siempre soñé tener la familia perfecta, un esposo amoroso y dedicado a mí, hijos que quisieran a su linda mamita y yo, la esposa abnegada y la super mamá, sería la dueña del mundo. Tuve todo pero no contaba con que ya había decidido mi destino. Pasaron los años y mi manera de beber empezó a molestar a muchos miembros de mi familia y de mi círculo de amistades, la gente que siempre me tildaba de "la pobre borrachita" (los que me querían) o de "borracha insoportable" (los que habían dejado de quererme).

Hubo una persona a la que yo acudía cada vez que me sentía sola cuando era niña y en mi adolescencia; éramos grandes amigas, aparte del lazo familiar que nos une; siempre compartíamos fiestas y reuniones familiares, en las que nunca faltaba el vino o la cerveza. Ella, por ser unos años mayor que yo, tenía un modo de vida que me gustaba mucho y yo decía que cuando fuera adulta sería como ella. Era mi ejemplo; era todo lo que yo quería ser en la vida. En algún momento empezó a beber más de lo normal y su personalidad cambió. Ya no era la dulce persona de antes, pero siempre me brindaba su amor y apoyo e igual quería ser como ella.

Pasaron muchos años y ya no nos frecuentábamos tanto como antes, porque algo había cambiado y no me gustaba. Ya no bebía, se había transformado en una persona aburrida y, en mi concepto, criticaba mucho; poco a poco la distancia se hizo mayor, pero siempre conté con su amor y apoyo.

Mi manera de beber me causó muchos problemas con mi esposo y separaciones constantes. En mi concepto, ya no era el esposo ideal ni la familia maravillosa que había soñado. Cuando cumplí treinta, esa pariente mía fue a saludarme pero me encontró llorando mis desgracias al celebrar mi cumpleaños como "Dios manda". En mis borracheras lloraba porque me sentía desgraciada y con mala suerte. Ella evitó que me molestaran porque sabía lo mucho que estaba sufriendo. Al poco tiempo me invitó a una reunión de AA en una parroquia, pero nada de lo que escuché me interesó; esto ocurrió aproximadamente en el año 1993; no me quedé en AA y seguí bebiendo. Todo siguió empeorando, mi hijo se avergonzaba de mí y en una borrachera espantosa que tuve, él me dijo que buscara ayuda. Recordé que en uno de los libros que esa pariente tan querida me había regalado había un teléfono de una AA con quien me comuniqué y fuimos a una reunión de AA en el grupo "Recuperación", situado en el distrito de Miraflores de Lima.

Llevo dos años como miembro activo de AA. Mi vida ha cambiado mucho, no sólo porque dejé de beber, que fue el primer paso, sino porque tengo a mi familia a mi lado, y por todo esto le doy gracias a mi Poder Superior. Ahora que han pasado dos años desde que llegué a AA puedo entender muchas cosas que antes no podía. Sé que tengo un Poder Superior a mí misma que me guía y me da amor. Tuve la fortuna de tener un ángel en la tierra, esa persona con la que siempre me identifiqué, la que me parecía criticona y aburrida, y que me guía en esta nueva vida. Ahora puedo comprender que esa persona es un miembro de AA como lo soy yo ahora, útil, feliz y fascinante. Ahora puedo decir "Soy Luchy, alcohólica en recuperación". Pido a mi Poder Superior que les dé a todas las mujeres que sufren como sufrí yo un ángel en la tierra como lo tengo yo.

Luchy B., Lima, Perú

Mi primera copa

Marzo/Abril de 2001

El nombre del pueblo que me vio nacer es San Francisco de la Paz, en el corazón del departamento de Olancho, y ahí, a la edad de 14 años, tuve la primera conexión con una copa de "guaro", como decimos acá en nuestro país; hoy digo yo "veneno". No recuerdo exactamente el día ni la fecha en que ingerí ese primer trago, sólo recuerdo que fui pasando frente a una cantina, la única que había en ese tiempo, pues por esos años eran dependencias del gobierno de turno. Por lo general, como sólo ésa había, se mantenía llena, y cuando pasé frente a ella me llamó un señor y me dijo: "Llévame esta carta a Chuzita", o sea a su novia, "y cuando regreses, ven por acá que te voy a tener algo". Cumplí el mandado, entregué la carta a la muchacha y regresé contento donde me esperaba el señor, de nombre Julio P. Muy contento me dio un vaso de aguardiente nacional, el que ingerí de una sola vez. Cuando lo bebí lo sentí un poco repugnante, pero minutos después fui sintiendo una sensación, como que me hubieran transportado a otro mundo, una alegría que jamás había sentido: "el embrujo

61

del alcohol", esa astucia que tiene el alcohol cuando nos conoce por primera vez.

Éste es el boleto de entrada. Pero quiero narrar la historia de lo que me sucedió: después de la inspiración que tuve, sentí algo muy raro, como si esa casa me cayera encima y, como pude, llegué a mi casa y me acosté en mi cama. Luego empecé a arrojar, y sentí un fuerte dolor de estómago y de cabeza, síntomas de la enfermedad alcohólica. Con esto quiero constatar que yo tenía esa predisposición de ser alcohólico, pero por esos años no había ni el menor rumor de AA, y menos para saber que se trataba de una enfermedad. Pero hoy, a mis 28 años de estar dentro de este movimiento, puedo dar fe que sí, que en verdad es una enfermedad: una enfermedad incurable, insidiosa y de consecuencias fatales. Caí al verdadero infierno alcohólico, pues de doscientos y pico de alumnos que éramos, el 95% éramos borrachos.

Gracias a Dios, hace 28 años que pertenezco a esta gran comunidad que se llama AA. Soy miembro del Grupo "Segunda Tradición". Quiero ser sincero con ustedes. Conocí el programa en el año 1964 cuando se fundó acá el primer grupo, que se llamaba "Senderos de Luz". Un buen amigo y compañero de infortunio, con quien bebí grueso, me pasó el mensaje al igual que Bill a Bob. Pero desgraciadamente a los diez meses resbalé, por desobediencia a principios espirituales, como dice el programa. Gracias a Dios, a Bill y Bob, a ustedes y a este bendito programa, desde el 3 de mayo del año 1972, no he ingerido una gota de alcohol. El 3 de mayo pasado me encontraba en Elizabeth, Nueva Jersey, y tuve la suerte de celebrar mis 28 años en el Grupo "Unidad" y de narrar mi historia. Hoy me encuentro sobrio, disfrutando de ese despertar espiritual del que nos habla el Paso Doce. He tenido una conversión, tal vez no como la que tuvo Pablo, pero sí en miniatura. Yo sugiero a quien tenga la oportunidad de leer esta historia y que tenga problemas con el alcohol, que visite un grupo de Alcohólicos Anónimos. Yo le aseguro que no se arrepentirá. Que Dios los bendiga a todos.

Francisco M., Puerto Cortés, Honduras

Seamos inclusivos con los no creyentes

Mayo/Junio de 2001

Llegué a la comunidad en junio de 1989, con la carga de desdichas con que tantos de nosotros vinimos un día a pedir ayuda. Desde entonces hasta el día de hoy ni una gota de alcohol ha pasado por mis labios, y he vivido las tristezas y las alegrías que cualquier ser humano viviría en ese tiempo. La abstinencia ha sido posible gracias a mi integración a Alcohólicos Anónimos, a varios años de servicio en mi grupo base, y a la ayuda constante del programa de AA, de mis compañeros, y de mi familia hoy por hoy recuperada merced a la sobriedad que entre todos forjamos.

Con la perspectiva que da el paso del tiempo, puedo hacer alto y analizar las dificultades que debí sortear en mi senda de recuperación. Tal vez de ese análisis surja algo que pueda ayudar a un recién llegado que tropiece con ellas.

Con frecuencia les escuchamos decir en sus primeras intervenciones que han llegado a nosotros sin el consuelo de una fe religiosa. Unos por haberla perdido en el tembladeral de su carrera alcohólica, otros por no haberla tenido nunca. A unos como a otros me gustaría decirles que no descarten por eso la ayuda de nuestro programa: al comienzo basta con un mínimo, que luego irá cambiando durante su tránsito por el sendero de la sobriedad.

Ahí precisamente empiezan las deserciones. ¿Cuántas se deben al tema de Dios? No lo sé, ni creo que nadie lo sepa. Pero los que se van, tal vez asustados por la amenaza de una conversión que no desean, seguramente son una cantidad apreciable. De los que se quedan, vemos que algunos —tal vez la mayoría— recuperan la fe que una vez descartaron. Otros, luego de un tiempo de intentar sin éxito alguna clase de concepción de Dios, renuncian al programa. Otros, pienso que una minoría, se resignan a ser continuamente bombardeados, y a menudo desvalorizados, por compañeros que, en medio de su convicción evangelizadora, tratan de convertirlos a una mística que les resulta ajena e inabordable. Y aún así, no beben, transitan el programa, crecen con espiritualidad, recuperan el amor de su familia y el respeto de amigos y vecinos. En suma, se convierten, de ruinas humanas que fueron, en seres dignos y serviciales. O sea: en buenos AA.

Puedo hablar con conocimiento de causa pues se trata, precisamente, de mi caso. En mi país, laico desde comienzos de siglo, y respetuoso de la posición filosófica de creyentes y no creyentes, según las encuestas [los agnósticos] somos alrededor de un 17% de la población.

Es difícil creer que los alcohólicos tengamos porcentajes diferentes. Me inclino a pensar que no soportaron la presión y se fueron. Lamentablemente, eso significa que, en nuestro caso, con toda probabilidad terminan en el lodazal del que una vez intentaron salir.

Deseo compartir esta inquietud con la comunidad y hacer un llamado a mis hermanos en AA para que reconsideren el modo de dirigirse a esa minoría, no tan despreciable. Seamos, como dijo nuestro cofundador Bill W. (ver "Cómo se desarrolló la tradición de AA", página 23), inclusivos y no exclusivos. Respetar a un no creyente (para quien no hay modo posible de concebir a Dios) no hará peligrar en absoluto la fe de la mayoría creyente; no hacerlo, en cambio, puede significar la condena a muerte de un ser humano que no necesariamente arrastra consigo taras morales, físicas ni espirituales —simplemente piensa distinto—. Si su fe es inquebrantable, no es contagioso.

Gonzalo L., Solymar, Uruguay

Reuniones internacionales y solitarios R.I.S.

Julio/Agosto de 2001

El servicio de R.I.S. (Reuniones Internacionales y Solitarios) nació el día en que nuestros cofundadores, al regresar cada uno a sus casas, se escribieron para saber cómo iban sus recuperaciones. Este servicio me permitió a lo largo de doce de mis catorce años de recuperación, mantenerme comunicado con compañeros de todo el mundo. En el mundo de habla hispana la Oficina de Servicios Generales de México es la encargada de atender a los miembros del R.I.S.

Me enteré acerca del programa de Alcohólicos Anónimos casi dos años antes de entrar a la Comunidad. Siempre pensé que no era para mí, pues aunque bebía no era un borracho y menos un enfermo alcohólico. En el transcurso de esos dos años, en los que podría haber salvado muchas cosas de mi vida —afectivas, espirituales y materiales— me dediqué a demostrarle a todos que yo bebía y paraba en el momento que quisiera. Como era de suponerse, sólo fueron pérdidas y más pérdidas, pero mi soberbia y orgullo me impedían reconocerlo.

Cuando dos compañeros de la comunidad me vinieron a visitar al infierno que yo llamaba mi casa, me hablaron con toda humildad y claridad del programa de recuperación, y de que se podía comenzar una nueva vida sin alcohol. Probé comenzar el programa de 24 horas, pero el día se me hacía interminable. Recuerdo, y es algo difícil que olvide, el poder haber estado doce horas sin tomar, y luego pude llegar a sumar las tan ansiadas 24 horas de las cuales me habían hablado estos compañeros.

No fui al grupo de inmediato. Comencé a sumar 24 horas solo y nuevamente mi soberbia y orgullo me acompañaron. Recuerdo que el día 13 de agosto de 1986, al ver que solo no podía manejar mi sobriedad muy precaria, y que seguía sufriendo por la falta de alcohol, me

65

presenté al grupo a pedir ayuda. Había llegado al punto en que quería dejar de tomar y dejar de sufrir.

Como todos los comienzos de una nueva etapa, no fue fácil al principio. Pero mi Poder Superior, que para ese entonces era mi grupo de AA, me puso una prueba de fuego. A los ocho meses de estar en la comunidad, me tuve que ir a trabajar a un campo en donde no había ningún grupo en cien kilómetros a la redonda, y los que existían funcionaban una vez por semana, y no en forma seguida, y con sólo dos o tres compañeros por reunión. Me fue muy difícil al principio mantener mi sobriedad tan sólo con algo de literatura y recordando las enseñanzas de los antiguos compañeros. Aunque no tomaba, no vivía de la manera en que el programa quiere que lo hagamos, o sea sin sufrir.

Mi Poder Superior me hizo quizás el mejor regalo, que fue el comunicarme por medio de cartas o casetes con compañeros que se encontraban en situaciones similares a la mía. Así fue que conocí el único y maravilloso mundo del R.I.S., que supo acompañarme durante doce de mis catorce años de recuperación, sin pedirme nada a cambio, y brindándome toda la información sobre AA. Hice muchos amigos y amigas con los cuales hoy sigo escribiéndome, y creo que lo haré hasta el fin de mis días ya que, en definitiva, son mis verdaderos amigos dentro de la Comunidad. A lo largo de todos estos años he formado un círculo de treinta amigos de verdad, a los cuales, aunque no los conozca personalmente, me une una enfermedad en común que hemos podido detener tan sólo por 24 horas, día a día.

Emilio E.C., Buenos Aires, Argentina

Paso nueve: una palmadita en la espalda

Septiembre/Octubre de 2001

Cuando me faltaba poco para cumplir mi quinto aniversario en AA, por fin pude terminar de dar mi Octavo Paso y estaba muy orgulloso de la lista que había hecho con las personas a quienes les había hecho daño y a quienes estaba dispuesto a hacer reparaciones. Incluso cargaba conmigo un cuaderno de bolsillo de modo que cuando los nombres del pasado me vinieran a la mente me fuera posible anotarlos. La lista contaba con una docena de nombres y algunos "Pericos de los Palotes" cuyos nombres no podía recordar.

Pero a medida que repasaba la lista me di cuenta que faltaba el nombre de una de las personas más importantes de mi vida: el de mi madre. ¿Por qué se me había escapado su nombre? Había dejado por fuera su nombre porque no creía que pudiera hacerle reparacioens directas, puesto que se encontraba hospitalizada aquejada del mal de Alzheimer y ya habían transcurrido muchos años sin que pudiera reconocer ni hablar con nadie. Puesto que no iba a saber quién era yo, me parecía que era inútil tratar de hacerle reparaciones.

Sin embargo, en ninguno de los textos de AA que había leído se decía que solamente podía hacerles reparaciones a las personas que podían hablar conmigo. En efecto, el Noveno Paso decía que "reparamos directamente a cuantos nos fue posible" y no existía una razón válida para que no le hiciera reparaciones a mi madre.

Aunque mi madre no reaccionaba cuando las personas le hablaban, llevaba una vida muy activa y se pasaba horas enteras caminando por el patio de la clínica de reposo. Caminaba en línea recta con las manos en el pecho hasta que se encontraba con una cerca o con un árbol y entonces daba una vuelta brusca y continuaba caminando hasta que se topaba con otro obstáculo.

Fui a su encuentro, le pasé el brazo por el hombro y la acompañé en su caminata mientras le hacía reparaciones. Le dije que era su hijo menor, que la quería y la echaba de menos, que era alcohólico y sabía que había hecho muchas cosas que le habían hecho daño.

Yo estaba llorando a estas alturas pero continué hablando con ella a medida que caminábamos. Le dije que había dejado de beber y que me reunía con otros alcohólicos como yo que me ayudaban a mantenerme sobrio, y que una de las cosas que debía hacer era hacer reparaciones a las personas a quienes les había hecho daño. Y le dije lo que el diccionario me había dicho: "la reparación es un desagravio, la satisfacción completa de una ofensa, daño o injuria". Tenía que hacer mucho más que simplemente pedirle disculpas por el daño que le había causado. Tenía que hacer ciertos cambios. Mi madre no reaccionó de ninguna forma mientras caminábamos, pero tanto los pacientes como el personal ciertamente miraban raro al hombre maduro que lloraba y caminaba abrazado a una mujer de metro y medio de estatura que no había hablado con nadie en los últimos tres años.

Aunque mi madre no reaccionaba para nada a lo que le decía, continué con mis reparaciones. Le dije que haría lo posible por hacerle reparaciones de dos maneras: primero, continuaría haciendo lo que había estado haciendo en los últimos cuatro años para mantenerme sobrio: acudir a las reuniones, rezar, leer el Libro Grande y trabajar con otros alcohólicos… y simplemente lo haría día a día. Segundo, haría todo lo posible por hacer algo agradable por otra persona, sin decirle nada a nadie de lo que había hecho. Si le contaba a alguien sobre mi buena obra, entonces esa buena obra no podría formar parte de mis reparaciones. Tal vez vaciaría un cenicero o recogería una basura del suelo o disminuiría la velocidad en la autopista para permitir que otro automóvil ingresara a mi carril. Cualquier cosa que hiciera debería hacerla de forma espontánea y dedicada a mi madre. Justo cuando terminé de decirle a mi madre todo esto, sentí que algo me rozaba la espalda. Había estado hablando y llorando y no le había prestado mucha atención a nada, excepto a mantener el paso con mi madre y contarle mi historia, y me imaginé que alguien había estado caminando detrás de nosotros sin que me hubiera percatado. Pero al voltearme pude constatar que no había nadie. Lo que había sentido era la mano de mi madre al pasarme el brazo y darme una palmadita en la espalda. ¿Había entendido lo que le había estado contando? No lo sé. Nunca más volvió a darme otra palmadita en la espalda ni volvió a reaccionar conmigo ni con los otros visitantes. Sin embargo, decidí pensar que mi Poder Superior se había manifestado a través de mi madre y me había dicho que había hecho lo correcto y que, como dádiva, no me había dejado con el recuerdo de mi madre aislada del mundo sino más bien con el recuerdo de una madre que aún podía demostrar su amor y su perdón.

Nunca hubiera podido recibir esa dádiva si aún estuviera bebiendo por las calles.

Dale C., Tacoma, Washington

Más aventuras de Zanfarinfas y su padrino

El programa no funciona a control remoto

Septiembre/Octubre de 2001

Zanfarinfas: ¡Quiúbole, padrino! ¿Cómo estás?

Padrino: Hola, Zanfarinfas. ¿Dónde has estado metido? A ver, cuéntame. ¿Por qué no has asistido a tus juntas últimamente?

Zanfarinfas: Qué onda, padrino. Ya vas a regañarme.

Padrino: Nunca te regaño, Zanfarinfas. No olvides que fuiste tú quien me pidió apadrinamiento y mi deber es preocuparme por tu sobriedad. Pero si prefieres que olvidemos el asunto…

Zanfarinfas: No, padrino, platiquemos.

Padrino: ¿Ya olvidaste, Zanfarinfas, el letrero que dice: "Si faltas a tus reuniones y recaes no preguntes por qué"? Acuérdate que estamos frente a una enfermedad que nos puede llevar a la muerte. Aún recuerdo las condiciones tan desastrosas en que llegaste. Me dio mucho gusto ver cómo al poco tiempo ya estabas convencido de tu alcoholismo y de tu incapacidad de controlarlo tú solo.

Por eso me sorprende que ahora creas que ya no necesitas ayuda. Zanfarinfas, el alcohólico nunca saldrá adelante únicamente con sus recursos personales. Es necesaria la ayuda de los demás. Hay que ir a las juntas. Este programa no funciona a control remoto. Si fuera así, todos tus compañeros permanecerían sentados cómodamente en sus casas viendo televisión y aquellos que se nos acercaran pidiendo ayuda encontrarían los grupos cerrados. Si todos esos compañeros veteranos que te recibieron pensaran como tú, Zanfarinfas, AA ya hubiera desaparecido.

Zanfarinfas: Lo que pasa, padrino, es que ya no me estaban gustando las actitudes de algunos compañeros. Hay unos que son requetemalhablados, hasta parece que están en una cantina. Creo que cuando uno llega derrotado al grupo necesita comprensión y sobre todo buen trato. Con ese vocabulario de arriero no se siente ganas de entrar a AA. Además siempre repiten lo mismo: que tienen mucha lana o que no tienen ni un peso; que están enamorados o desilusionados con el amor. Y ni qué hablar de los que se la pasan regañando a los demás.

Padrino: Pues por eso no te recuperas, Zanfarinfas. Sólo te la pasas fijándote en los demás. Así lo único que se consigue son resentimientos. Te fijas en lo malo y no en lo bueno. También hay muchos compañeros que reflejan buena sobriedad. ¿No será que quieres beber y pones como pretexto las actitudes de los demás?

Zanfarinfas: No, padrino, no quiero beber. Reconozco que necesito a AA. Pero es que el grupo no me gusta como está. ¿Qué hago, padrino? ¡Ayúdame!

Padrino: Compartiré contigo lo que a mí me sugirieron y me dio resultado, pero tú vas a decidir lo que quieras hacer. Mira, Zanfarinfas, he aprendido que el mundo no es como a mí me gustaría que fuera. La vida no es como a mí se me antoja. Todos mis compañeros tienen una personalidad propia y cada uno de ellos tiene derecho de ser como quiera, así como tú tienes derecho de ser como quieras. Todos esos compañeros que no te agradan así son y posiblemente siempre seguirán siendo así. Si quieres recuperarte tienes que aprender a convivir con ellos —así como son—.

Por mi parte, intento tolerar y respetar a todos mis compañeros. He aprendido a convivir con los AA porque son los únicos que me pueden ayudar a permanecer sobrio. Así es que más me vale encontrarle lo bueno a cada uno de ellos. Además, nunca encontraré un grupo donde todos sean como yo quisiera. En cualquier grupo voy a encontrar al literato, al místico, al deshonesto, al mentiroso. Pero alguna virtud tendrán, ya que no beben. Y a pesar de lo que no me gusta de ellos, con ellos es que he aprendido a vivir sin el licor.

Yo también clasificaba a mis compañeros, ahijado. Pero hoy escucho desde el nuevo hasta el veterano, desde el culto hasta el ignorante, desde el más pobre hasta el más rico. Ésa es la esencia espiritual de la Tercera Tradición. Ahora los escucho y los tolero a todos porque todos tienen algo útil para mí, siempre y cuando mantenga la mente y el corazón abiertos. Es cuestión de tener buena voluntad. Claro que es difícil, pues querer a los que te caen bien no tiene ninguna gracia. El mérito es querer a aquellos que no les caemos bien.

Zanfarinfas: Tienes razón, padrino. Voy a tratar de ser más tolerante. Quiero llegar a sentir eso que sientes por los demás, porque quiero sentirme bien en el grupo. Muchas gracias por tu ayuda, padrino.

Padrino: Gracias a Dios, ahijado. Sólo hago contigo lo que hicieron conmigo. Hasta la noche, Zanfarinfas. Nos vemos en el grupo.

Tanganxoán, Soquel, California

Paso Uno: ¿Por qué recaí por dieciséis años?

Enero/Febrero de 2002

El título de este artículo suena a acertijo, pero simplemente describe lo que nos ha pasado a muchos en nuestro intento por lograr ese anhelado objetivo primordial de mantenernos sobrios y ayudar a otros alcohólicos a alcanzar el estado de sobriedad.

En mi loca carrera de tropiezos, algunas veces pensé que esto sólo me pasaba a mí. En consecuencia, me abatía más, pero con el tiempo comprobé que éramos todo un ejército de indisciplinados, tercos y soberbios que no habíamos admitido nuestro alcoholismo y que el precio a pagar era muchos años más de una espiral aparentemente sin fin.

Ingresé a Alcohólicos Anónimos en agosto de 1977 en el grupo La Unión, ubicado en Tres Ríos, provincia de Cartago, en Costa Rica. Once años más tarde —para 1986— no había permanecido doce meses seguidos sin tomar licor. En 1987 finalmente cumplí un año de no ingerir esa droga llamada alcohol. ¡Diez años para cumplir uno!

Por los designios de Dios, el primer año de sobriedad tuve que dedicarle toda mi atención a mi padre, que sufría de cáncer de la próstata. Fue un año angustioso, y el tiempo pasó y pasó y de pronto me percaté que había estado un año sin tomar. Mi padre murió en 1987 y yo seguí sin probar licor durante quince meses. Al menos le di ese regalo. Antes de morir, él me dijo: "Sigue así, hijo".

Pero yo no había aceptado mi alcoholismo. Continué sin tomar durante los últimos cinco años que trabajé, hasta que me jubilé en 1991. Ya iba para doce años de haber hecho contacto con AA y todavía no había aceptado mi alcoholismo.

En este universo creado por nuestro Poder Superior, en que cada cosa está en su orden, tiempo y espacio, es claro que no puede haber dos si antes no hay uno o tres si antes no hay dos. Con lo que quiero decir que creo que para que funcione el programa de recuperación contenido en los Doce Pasos, éstos deben observarse en su orden establecido. Es obvio que no podría practicar el segundo paso, si antes no había admitido el primero. Tampoco podré aplicarme un quinto paso si no he realizado el inventario señalado en el cuarto. Y sólo estaremos preparados para el duodécimo paso cuando hayamos obtenido un buen resultado con los pasos anteriores y hayamos practicado esos principios en todos nuestros actos, tal como reza el paso doce.

Señalé que llevaba catorce años sin aceptar mi alcoholismo ni practicar ningún paso, y soy del criterio muy personal de que todo aquel que siga esa modalidad de llevar el programa inexorablemente volverá a tomar, aunque tenga un año, quince o treinta de no beber.

Soy un ejemplo, por supuesto no ejemplar, de este dilema. Cuando tenía catorce años de haber conocido a AA, volví a tomar y pasé un verdadero infierno durante poco más de dos años. Me sorprende que no me haya muerto durante ese lapso o que no hubiera terminado en un manicomio o en la cárcel. Pero otra verdad de Perogrullo es que sólo cuando llega a la desesperación y el aniquilamiento de todas sus fibras morales es que el alcohólico está en el punto sin retorno —la ubicación que le permite rendirse incondicionalmente y, apartando la soberbia y terquedad, admitir la impotencia ante el alcohol— hasta la médula de los huesos. Fue cuando llegué a ese punto que acepté mi alcoholismo, que inicié la práctica ordenada de los pasos, que tuve un granito de humildad para dejarme ayudar y dejar de cuestionar lo que oía, que empecé a ser mejor hijo, esposo, padre: mejor ser humano.

Esto sucedió en octubre de 1993, dieciséis años después de entrar a AA por primera vez. Hoy voy rumbo a ocho años de sobriedad completa y llena de significado, como cita el último renglón del quinto paso.

Carlos M., Costa Rica

2002-2004

Desde la prisión "Salto del Negro"

Julio/Agosto de 2002

Hola, qué tal, mi nombre es Javier, tengo 32 años, y los últimos diez he estado enganchado al alcohol, el cual me ha hecho entrar en prisión.

Aquí hemos conocido a Juan Antonio, que en compañía de dos compañeros ha creado un grupo de AA.

Me dirijo a vosotros compañeros para que veáis lo que estamos haciendo. Llevamos asistiendo al grupo unos tres meses. Al principio era un poco frío, pues casi no nos conocíamos y no sabíamos de qué iba eso del AA. Pero según fue pasando el tiempo, hemos logrado crear una confianza y una "complicidad" que al principio no existía.

Ahora somos capaces de hablar de nuestros problemas con toda libertad, y reconocer que éramos y somos alcohólicos, cosa que antes no podíamos admitir. Esto ha sido gracias a las reuniones del grupo, porque a diferencia del tratamiento de la cárcel, donde simplemente uno se siente un número y un expediente, en Alcohólicos Anónimos somos personas, y se nos trata como tales.

Al principio de las reuniones casi nadie hablaba, el ambiente era tenso y no participábamos mucho, pero gracias al cariño y a la sinceridad con que nos trataban nos hemos dado cuenta de que AA nos ha ofrecido una esperanza en nuestras vidas. Yo vivo en uno de los módulos y conmigo asiste una persona mayor que yo; su nombre es Antonio. Hablamos y compartimos esas cosas personales que desgraciadamente no se pueden compartir con todo el mundo, y eso ha sido gracias al grupo, pues ahora navegamos en el mismo barco, y queremos, mejor dicho, necesitamos llegar a puerto, y lo más importante: sobrios.

Desde aquí nos despedimos mi compañero Antonio y yo, y os animamos a que sigáis haciendo cosas como ésta. Gracias.

Javier R., Grupo "Sansofé a Valientes con Fe", Islas Canarias, España

Cómo salí del hoyo

Julio/Agosto de 2002

Mi nombre es Aurelio y soy alcohólico. Quiero platicarles un poco de lo mucho que me ha destruido el alcohol, hasta qué nivel me hizo caer y lo que me hizo perder.

Todo comenzó a la edad de 16 años cuando me aventuré a venir a los Estados Unidos. Sin que nadie me dijera nada comencé a beber los fines de semana. Como trabajaba toda la semana, según yo, tenía derecho a tomar los fines de semana y todo era normal.

A los 20 años me casé con una gran mujer. Ella no tomaba y tuvimos tres hijos. Yo seguía bebiendo los fines de semana y, con el tiempo, también entre semana. Llegó el día en que comencé a faltar a mi trabajo porque ya no podía ponerme de pie por la borrachera. Vivía al día, no me alcanzaba el dinero para nada, pero eso sí, alcohol, o cerveza, siempre tenía. Mi esposa me pedía que no tomara y al día siguiente de una borrachera yo le prometía que no lo haría más, pero llegaba el viernes y otra vez lo mismo. En septiembre de 1985 me encontraba en una barra, borracho. Alguien me puso una pistola en la mano y la disparé, quitándole la vida a una persona. Me arrestaron y condenaron a una larga sentencia en prisión.

Mi esposa estuvo a mi lado por tres años, pero luego se cansó y no vino más, y lo que es más duro para mí, ¡se llevó a mis hijos! Yo aquí en prisión seguí adelante con mi enfermedad. Me seguía metiendo en problemas por culpa del licor, y también la droga. Bueno, finalmente, encontrándome castigado en el "hoyo" encontré una dirección de AA y escribí a la oficina de Nueva York. Para mi buena suerte, tuve contestación y conseguí mi primer padrino, Many. Si bien últimamente no nos escribimos, él fue el que me ayudó a ver la realidad y a descubrir la fe. Después de Dios, él fue mi salvador.

Ahora vivo sin probar alcohol y me considero sobrio desde que tengo contacto con AA. Sigo viviendo 24 horas a la vez y asisto a las reuniones que se hacen aquí siempre que puedo. Por último les cuento que tengo en mente poner en práctica el paso ocho, y tratar de reparar todo el daño causado; ¿cómo?, con la ayuda de mi Poder Superior, que yo llamo Dios. Él me ha rescatado del infierno del alcohol. Con su ayuda, como decimos en México, "¡Sí se puede!".

Aurelio A., institución penitenciaria, Blythe, California

Llevando el mensaje en bicicleta por el Brasil

Septiembre/Octubre de 2002

Mi proyecto, 16 de junio de 2002

Me llamo Marcos y pertenezco a la Comunidad desde hace algunos años. Soy oriundo de la ciudad de São Leopoldo, en el estado de Rio Grande do Sul, Brasil. Les puede parecer extraño pero desde 1999 comencé a viajar en bicicleta por mi país, visitando los estados de Santa Catarina, Paraná, São Paulo, Rio de Janeiro, Espírito Santo, Minas Gerais y Bahía.

Viajando en bicicleta pude apreciar que el consumo de bebidas alcohólicas es muy grande en ciertas regiones del Brasil. Lo que más me llamó la atención es que a muchos niños, algunos con menos de un año de edad, se les da alcohol como si fuera un alimento. Lo usan para saciar el hambre, ya que al entrar en una laguna mental éste no se siente. Quedé horrorizado al ver esta forma de alcoholismo, que yo no conocía.

De vuelta en São Paulo comencé a trabajar en un proyecto personal mediante el cual yo pudiera llevar el mensaje de AA de una forma sutil que no agrediera a las personas, sobre todo a los adolescentes. En el Brasil se está haciendo mucha campaña contra las drogas en las escuelas. Sin embargo, he visto que hay un gran desconocimiento sobre la peor droga, que es el alcohol. Descubrí también que las escuelas y municipalidades de las ciudades pequeñas tienen un gran interés en combatir el alcoholismo en primera instancia, ya que está demostrado por la experiencia que el alcohol es la puerta de entrada para las otras drogas, por lo menos aquí en el Brasil.

Tomé la decisión de viajar por el interior de mi país en bicicleta llevando el mensaje de AA, ya que en bicicleta se puede llegar a muchos pueblos y ciudades pequeñas que están a muchos kilómetros de distancia de un grupo de AA. No pretendo ni quiero salvar al mundo, pero sí quiero plantar una semilla en el corazón de los individuos, sean o no alcohólicos, para que en el futuro puedan recordar que para cada problema existe un Poder Superior que siempre se manifiesta en los momentos más difíciles. Se trata en suma de un proyecto personal de Paso Doce, y respetando siempre nuestras doce tradiciones.

Sé que no me corresponde atacar los problemas políticos y sociales del mundo y que seré apenas un grano de arena en el desierto, pero es eso exactamente lo que quiero seguir siendo, un grano de arena.

No pretendo obtener fama ni dinero. No necesito de estas cosas, que hoy entiendo son las herramientas que necesitamos para sobrevivir. Quiero simplemente hacer una contribución como ciudadano y ofrecer información sobre las consecuencias del alcoholismo. También sé que la experiencia me permitirá acumular mucha información y conocimientos que iré volcando en un diario que tal vez pueda compartir con otros. Después del Brasil quisiera viajar por otros países del mundo, hasta que me falten las fuerzas.

Estoy partiendo hoy, y pretendo seguir en contacto con La Viña a través del correo electrónico. Un fuerte abrazo y muchas 24 horas de sobriedad con serenidad.

Primera etapa, 18 de julio de 2002

Así es como abordo a la gente en los lugares que visito: no escojo una ciudad o pueblo específicos, simplemente llego a un lugar y me informo si existe algún grupo de AA o grupos de apoyo como la Pastoral de la Sobriedad (organización de la Iglesia Católica). Si no existe nada parecido me presento en una escuela y converso con la directora, le explico que soy miembro de la comunidad de Alcohólicos Anónimos y que tengo ocho años de sobriedad. A continuación le explico cómo funciona AA, le entrego folletos explicativos que tenemos en Brasil, como "AA en su Comunidad" y "¿Ud. necesita buscar a AA?", etc. Aclaro también que no hablo en nombre de Alcohólicos Anónimos, sino que tan sólo llevo el mensaje de AA para los posibles alcohólicos que pudiera haber en la comunidad local.

Muchas personas preguntan cuánto cuesta realizar este trabajo, y les explico que no hay mejor pago que tener el placer y la satisfacción de que las personas entiendan lo que es AA. A decir verdad, en el Brasil se sabe muy poco de AA en muchas regiones. La información que hay es mínima. Hace poco hubo una telenovela llamada "O Clone" (el clon) en la que se trataban temas de drogas y alcoholismo, y que ocasionó que un gran número de personas acudieran a Alcohólicos Anónimos.

Les comparto lo que me pasó en un pueblo del interior del estado de Paraná, al sur del Brasil. Una niña escuchó mi conversación con una maestra y me preguntó: "Señor, ¿usted es el que va a ayudar a mi papá a dejar de beber?"

Como pueden ver hay mucho trabajo por hacer. He tenido algunos resultados, pocos, pero lo suficiente para dejarme feliz.

Un fuerte abrazo,

Marcos de F., Brasil, por correo electrónico

Mi Plan de 24 horas

Septiembre/Octubre de 2002

1. Hoy no voy a tomar.

2. Hoy me trataré bien.

3. Hoy cumpliré con mi deber como esposo y padre.

4. Hoy no contaré mentiras.

5. Hoy cumpliré con mi trabajo.

6. Hoy seré fiel, honesto y justo con mi esposa.

7. Hoy iré a una reunión de AA y cumpliré con mi servicio.

8. Hoy trataré de ser tolerante y comprensivo.

9. Hoy comprenderé lo mejor que pueda a mi Poder Superior
y trataré de hacer su voluntad.

10. Hoy viviré el presente bien, para un mejor mañana.

Un alcohólico anónimo, Dallas, Texas

Compartiendo en un cibergrupo y en La Viña

Noviembre/Diciembre de 2002

Me llamo Gabriel y pertenezco a un cibergrupo de AA que cuenta con miembros desde Alaska hasta Tierra del Fuego, desde España hasta Hawai. A veces cuando un "compa" escribe a todo el grupo, contesto. Sin violar nuestro gran principio del anonimato, quería compartir una de mis respuestas con La Viña, no porque lo que escribo me parezca tan valioso, sino como pequeña muestra de gratitud por lo que La Viña me aporta a mí.

[El compañero en cuestión había recaído]

Compa, te habla Gabriel, alcohólico. No creo que hayas perdido todo. Has aprendido algo. El que cae y se levanta ha ganado una experiencia valiosa. Ya tienes la experiencia de caer y sabes cómo es. Eso debe ayudarte a no hacerlo otra vez. Y tienes la experiencia de volver. No todos logran eso. Unos se desesperan tanto y sienten tanta vergüenza, que se les hace inaguantable y hasta se suicidan. Tú, en cambio, recaíste y volviste. Dejas de lado el "qué dirán" y la vergüenza y sigues adelante. Te felicito.

No te recomiendo que repitas este aprendizaje otra vez. Es peligroso. Pero saliendo del problema como lo estás haciendo, has ganado. Tendrás compasión y comprensión para otros, los que salen y dudan si pueden volver. En mi experiencia he visto que el Poder Superior no gasta nada, sino que todo lo aprovecha, incluso mi debilidad humana. Yo no quiero "tomar la clase" que tú has tomado. Soy cobarde ante el alcohol. Pero tu experiencia compartida me ayuda a mí a evitar el mismo error. Cuando pasa algo así aquí en gringolandia, se suele decir: "Gracias por hacer investigaciones allá afuera, y regresar confirmando que no hay nada para nosotros allí".

Siento mucho tu pena. Si puedes encontrar sentido en saber que tu experiencia compartida nos ayuda a todos, pues quiero que sepas que es así.

Gabriel, por correo electrónico

Yo voy a AA, ¿por qué mi madre y mi esposa no van a Al-Anon?

Noviembre/Diciembre de 2002

Después de 10 años de alcohólico y drogadicto, tres meses internado en un centro de rehabilitación y catorce días fuera en el mundo real hay ocasiones en que pienso... tal vez sería mejor seguir bebiendo, ¿por qué no?, ¿de qué sirve el esfuerzo que hago para no beber? Evito visitar a las amistades que siguen teniendo una vida activa, no voy a los lugares que acostumbraba. Comprendo que mi esposa y mi madre se preocupen cuando me retraso en el trabajo y no llego temprano a casa, sé que tienen miedo que en cualquier momento recaiga.

Diez años no se olvidan fácilmente, pero ¿cuándo me van a comprender ellas a mí? Qué egoísta de mi parte: todo el sufrimiento que les causé y ahora con sólo 24 horas sin beber ni drogarme quiero exigir ya que me comprendan, cada vez que me dicen "no has ido a tu junta, no te excuses con el trabajo, las juntas son muy importantes para ti". Me dan ganas de reprocharles que en el tiempo de mi internamiento ellas no se prepararon, aunque en el lugar les decían que era importante que conocieran el programa de los Doce Pasos, que asistieran a un grupo de Al-Anon; su justificación es que el grupo que conocen se reúne a una hora que ninguna de ellas puede asistir... Igual quiero hacerlo yo... "es que mis ocupaciones no me permiten ir a mis juntas".

Pero me digo: ¡Ernesto! Deja ya de hacerte el tonto, tú no tienes justificación, busca comprender y no ser comprendido, ellas ya inten-

83

taron comprenderte todos estos años y tú nunca lo permitiste. Siempre aislado, dentro de una botella o elevándote como el humo del toque que estabas fumando. Ellas no están obligadas a asistir a las juntas de Al-Anon, tú sí a las de AA, porque ahí está tu recuperación, recuerda lo que se dice en los grupos ,"Si faltas a tus juntas no preguntes por que recaes", y cuando pienses "¿cuándo te van a comprender?" recuerda "primero lo primero", es decir, tu recuperación, la acción que le pongas al programa y "poco a poco se va lejos". Poco a poco, con el paso del tiempo, van a confiar en ti. Sé paciente día a día; cuando te despiertes, antes de levantarte recuerda que sólo por hoy todo va a estar bien con tu familia, en tu trabajo, pero principalmente que sólo por hoy no vas a beber, no vas a drogarte, vas a vivir en un mundo real. Y cuando sientas que algo te acongoja o que no puedes resolver alguna situación, ahí está tu Poder Superior, pídele a Él que te ayude a cumplir Su voluntad y no la tuya, pídele serenidad para aceptar las cosas que no puedes cambiar, valor para cambiar las que si puedes y sabiduría para reconocer la diferencia.

Sólo por hoy no dejaré de asistir a mi reunión de AA.

Ernesto C., Ciudad Victoria, Tampico, México

Mujeres en AA: ¡viva la diferencia!

Julio/Agosto de 2003

Estoy muy agradecida y contenta de ser mujer. Creo que existen diferencias respecto al sexo masculino en lo psicológico, físico, emocional y espiritual. Y desde mi llegada a AA he visto que esas diferencias a veces traen problemas serios, que impiden a algunas quedarse en el programa.

Antes de ni siquiera saber que padecemos una enfermedad ya nos sentimos degradadas. No entendemos por qué actuamos de determinadas formas y nos sentimos miserablemente culpables de ser malas hijas, esposas y madres. Se ve una diferencia en la reacción ante un hombre "pasado de tragos" y una mujer borracha. La sociedad nos condena a la vergüenza y la perdición. Muchas veces somos recluidas o escondidas para evitar el estigma familiar, o incluso lo hacemos por decisión propia. Éste último fue mi caso. Habiendo tratado de dejar de tomar por todos los medios a mi alcance, traté entonces de ocultar y de negar mi alcoholismo hasta el punto de casi perder la vida.

Desde hace algún tiempo soy una feliz y agradecida miembro de este hermoso programa de recuperación. Me he dado a la tarea de entender por qué algunas mujeres bebemos cuando aparentemente "no hay motivos". Pienso que algunas de las razones son: soledad, sentimientos de inferioridad, conflictos de pareja, identidad sexual, frustraciones de metas, sentimiento de culpa, deseo de tener una vida diferente, de ir más allá de las cuatro paredes del hogar, o sencillamente porque nacimos alcohólicas. Los estudios científicos apuntan a que el alcoholismo no tiene una causa única ni en el hombre ni en la mujer, y que en su desarrollo interactúan y se mezclan factores psicológicos, físicos y ambientales.

Para muchas de nosotras fue muy difícil reconocernos en algo tan vergonzoso como ser alcohólicas. ¿Qué irán a decir de mí? ¿Me aceptarán, me perdonarán? Pero es bueno estar convencida y superar estos tabúes. Nosotras las mujeres también tenemos derecho a nacer de nuevo en AA. Necesitamos quizás algo más de ayuda en algunos aspectos, pero sobre todo mucho respeto.

Las que ya formamos parte de nuestra hermosa agrupación somos responsables de tender la mano a la que pida ayuda, explicándole cómo hemos transmutado tanto sufrimiento y dolor del alma en alegría de vivir, basadas en los principios espirituales del programa. Orgullosamente siento que mi lugar es en AA. Es un regalo de Dios y donde quiera que me encuentre, ese sitio me pertenece de por vida, si lo cuido y lo cultivo. Es un crecimiento continuo, siempre con la esperanza de ver crecer el número de féminas en el sendero feliz.

Nancy Esperanza, Costa Rica

Padre soltero

Septiembre/Octubre de 2003

Vengo de una familia que no tenía ninguna dirección y encima eran alcohólicos. Mis padres me dieron su herencia lo mejor que pudieron. Soy una persona rebelde. Me rebelé inmediatamente contra la manera en que mis padres me criaron y eso tuvo muchas consecuencias.

Cuando llegué a EE.UU. vine porque en México no me querían; mis "jefes" (padres) me desterraron. Tenía problemas con la "placa" (policía). Y la "raza" (mi gente) no me quería tampoco porque yo me bajaba al que me ponían en frente. No me aceptaban en ninguna parte. Yo vivía en la frontera y a cada rato brincaba el cerco a Estados Unidos, o lo cortaba y me subía a un camión. Todo sin hablar inglés. Haciendo algunas trampas conseguí mi permiso de residencia por tres meses, luego por un año, tres años, y luego diez, pero la mayor parte del tiempo me la pasé encerrado, entrando y saliendo de la cárcel.

Ahora estoy tratando de obtener la ciudadanía americana, pero me está costando ya que cometí algunos delitos en este país y si bien hoy ya no me comporto así, todo queda en el expediente. Las únicas veces que paraba de beber era cuando estaba en la cárcel. Perdí a mis niños y mi mujer me abandonó. Acá me junté con otra mujer y tuve otros hijos. Y también los perdí. Me vine a Portland. Traté de desintoxicarme varias veces pero volvía a tomar y usar drogas.

Finalmente entré a un centro de tratamiento contra las drogas. Era el único mexicano. Tuve que estar encerrado y perder todo, familias, carro, apartamento. Tuve un despertar espiritual. El centro me ayudó a empezar una nueva vida; me dieron trabajo y tratamiento. Veía las promesas de Alcohólicos Anónimos en la pared y pensaba "esto es imposible, algo quieren sacar de mí". Y la realidad es que las cosas fueron mejorando poco a poco. Entendí que la vida podía ser diferente. Hubo una transformación en mi vida. Empecé a escuchar, a obedecer y a entender un poquito. El libro no lo podía leer porque no lo entendía, me dormía. Lo primero que pude leer fue el Doce y Doce. Me asustaba porque iba viendo mi enfermedad reflejada.

Cuando me dijeron que tras ocho meses de tratamiento ya no tenía que ir, me dio miedo y les pedí de rodillas que no me dejaran, pero mi consejero me explicó que tenía que seguir adelante. Al final salí y pude mantenerme sobrio, gracias a Dios. Empecé a trabajar para la ciudad y al año y medio la que era mi mujer salió de la cárcel y le devolvieron al niño. Ella quedó de nuevo embarazada y esta vez pude ver a mi bebé nacer estando yo limpio y sobrio. Sentí algo diferente.

A los dos años, la mujer me dijo que algo les pasaba a mis chamacos. Resultó que ella estaba fumando "piedra" (crack) y los niños andaban muy sobresaltados. Así que me traje a los niños para Portland.

Vivía y trabajaba en un lugar donde no podía tener niños. Pero me dije a mí mismo, "lo primero, primero". Yo me traigo a mis niños. Ya había abandonado a dos y, ahora que estaba sobrio, no iba a volver a hacer lo mismo. A mí me criaron con la idea de que la familia debe permanecer junta, y esta vez sí pude hacerlo. Me los traje. Oré, oré mucho. A la semana, me dijeron "te tienes que ir, porque aquí no se aceptan niños". Les pedí que me dieran unos días. Andaba preocupado con eso, cuando fui a un grupo y un compañero ofreció ayudarme a encontrar un trabajo mejor. Me dio el teléfono de alguien que andaba buscando una persona para trabajar en el Departamento de Salud del Condado de Multnomah, en Portland. Yo me aventé, solicité el trabajo y me entrevistaron dos veces. "Ahora qué hago con los niños", pensé. Necesito una casa. Fui a un centro hispano, pero la verdad me no recibieron bien, tuve una mala experiencia con mi propia gente; me trataron como a un "pendejo" (tonto). Así es que me fui a un centro gringo, el "Friendly House", y le conté mi historia a la administradora, de lo más comprensiva, que me dijo "puedes alquilar un apartamento por $50 a la semana y traer a tus hijos". Así es que me mudé allí con ellos. Me dieron el trabajo.

Mis niños tenían de 2 a 3 años. Me compré un cochecito de segunda mano. Todas las mañanas me levantaba temprano, y me subía al camión (autobús) con los chamacos, uno en cada brazo, y el cocheci-to. Era una buena forma de alzar pesas. ¡Órale, vámonos! Tomaba dos camiones, para ir al trabajo y para llevarlos donde una cuidadora. Y así fue mi vida durante más de un año. Me sentía muy bien. Yo sabía que tenía que pasar por ese sufrimiento.

De tener mi apartamento con mis niños, después logré comprar mi propia casa. A mis niños no les falta nada, y lo mejor, tienen mi amor, mi comprensión, mi cariño. Hoy viven con una persona que vivió en el infierno, pero que está en recuperación. Y si bien estuvieron afecta-dos, hoy mi niña se me acerca, me abraza y me besa y siento que ten-go algo que nunca tuve. Es un sentimiento maravilloso. Los primeros años tuve problemas con mi chamaco; creo que por la experiencia que tuve con mi padre, yo no lo aceptaba. Con mi niña no tenía problema, pero tuve que trabajar bien duro para aceptarlo a él. Pero hoy mi niño es mi mejor amigo. Trato de criar a mis hijos bien, sin las malas creen-cias que a mí me inculcaron.

Estoy agradecido con los "güeros". Yo estuve mucho en los grupos en inglés aunque hablo inglés más o menos (mis niños no hablan espa-ñol, es una vergüenza). Bueno, la cosa es que mi padrino me dijo que tenía que volver a mis raíces. Volví a las juntas en español. Mi grupo se llama El Reencuentro. Era lo que a mí me faltaba. Empecé a reco-nocer y a aceptar muchas más cosas.

Pertenezco a un grupo en mi comunidad porque soy mexicano 100%, pero estoy en un país que estoy conociendo cada vez más. Los alcohólicos somos muy inteligentes y podemos llegar hasta donde que-ramos. Mi vida actual es placentera. Sigo trabajando con algunos defectos de carácter. El programa es para toda la vida. Tengo un padri-no que me orienta y me da amor y amistad. Hemos trabajado los Doce Pasos juntos. Y me gustan las Tradiciones y leer La Viña, aunque no leo muy bien.

Alcohólicos Anónimos me ha enseñado muchas cosas. Comprendí que soy una persona enferma, más que todo espiritualmente. Ya no me lamento por lo que dejé atrás. Trato de vivir en el presente y darle una buena cara a la vida. La vida es bonita y es la única que tenemos. Tengo 43 años, soy padre soltero y tengo responsabilidades. Tengo que dar el ejemplo y seguir el ejemplo de otros. A veces me cuesta la honestidad, pero el programa nos hace volver al camino.

Siento que he encontrado lo que tanto andaba buscando y que todo el tiempo estuvo al alcance de la mano.

Miguel C., Portland, Oregón

Quiero ser profesor

Septiembre/Octubre de 2003

Yo era un hombre que tomaba todos los días. Hacía juramentos a mi esposa, pero al día siguiente todo era igual. Las promesas eran en vano. No podía parar. Cuando mi esposa me daba información sobre AA, yo no la aceptaba y le insistía que yo no era alcohólico. Para mí los alcohólicos eran los que andaban en la calle, harapientos y mugrientos.

Pero por insistencia de mi esposa, un 26 de octubre de 1993, a los 44 años, fui al Grupo Armonía, en Lima. Ese día me trataron como la persona más importante y luego escuché por primera vez en mi vida que el alcoholismo es una enfermedad crónica, progresiva e incurable, que se manifiesta por la pérdida del control sobre el alcohol. Me quedé atónito. A medida que los presentes iban compartiendo pude ir identificándome. Era como si ellos supieran mi vida. Fue como a la cuarta reunión cuando me acepté como alcohólico. Hoy no tomo ni fumo cigarrillos y mi vida es un mundo fascinante porque cada día que pasa trato de ser un hombre mejor, útil y feliz, algo que sólo se da "un día a la vez".

En AA encuentro la solución a mis problemas. Visito distintos grupos porque me agrada escuchar y conversar. Un día antes de la fiesta del 68° aniversario de AA, un ahijado me pidió que escribiera mi historia para La Viña. Pensé y repensé lo que quería decir y decidí contar cómo fui recuperando la autoestima. Después de 28 años de haber dejado los estudios, me volví a matricular en un colegio estatal y culminé mi secundaria. Posteriormente me propuse continuar mis estu-

89

dios superiores, y en la actualidad estoy en el tercer ciclo de la Facultad
de Educación. El día que fui a la Universidad por primera vez un joven
me dijo que estaba demasiado viejo, pero yo le contesté que me sentía
como si tuviera 25 años. No sé si acabaré en un asilo de ancianos, pero
sí creo que llegaré a ejercer mi nueva profesión. Gracias al programa he
aprendido a vivir el hoy.

Alejandro H., Lima, Perú

De la noche al día

Enero/Febrero de 2004

S oy Salvador S., tengo 66 años y soy gay. Me dicen "Chava". Soy
un alcohólico recuperado, mas no curado. Voy a cumplir 29 años
sin beber nada que contenga alcohol. Lo he hecho siguiendo el
plan de 24 horas, un día a la vez, trabajando con otros y conmigo mismo; sin dejar de asistir a mis reuniones dondequiera que me encuentre
para esperar al nuevo y recibirlo como lo hicieron conmigo.

Yo crecí en la calle desde niño. Una vez andaba perdido, y una
señora que llamaban "Esperanza la chivera" me recogió y me llevó a
vivir con ella y su hijo. Ella vendía productos de belleza y artículos
íntimos para la mujer, que traía de Laredo, en la zona de tolerancia de
Monterrey. Me fui relacionando con el mundo de mujeres públicas,
cantineros, mariguanos, homosexuales, padrotes. Vivíamos como vam-
piros, durmiendo de día y saliendo por las noches. Yo trabajaba asean-
do cuartos de "taloneras" (prostitutas) y haciendo mandados, y durante la noche vendía cigarros, huevos y papas cocidas con salsa picante,
cacahuates y semillas.

Mi primer trago fue a los nueve años en una sala de baile a media
luz, repleta de damiselas y de travestis, donde los parroquianos acudí-
an en busca de diversión. Todos bailaban de maravilla, sobre todo el
Chano, que era buenísimo con el swing y el boogie boogie. Le pedí a

Chano que me enseñara a bailar y él me dijo que sí, que me enseñaría cualquier cosa que quisiera aprender, pero que tenía que pagar "honorarios", una jarra de mezcal, que mezclamos con cola, limón y hielo.

Ése fue el principio de casi tres décadas de dependencia alcohólica, una vida que dañó mi alma y mi cuerpo. Crecí y me pasó de todo. Llegué a prostituirme en hoteluchos y baldíos, y amanecía muchas veces a las orillas de las comunidades, golpeado y desnudo, sin saber cómo ni con quién había llegado allí.

Gracias a Dios, al igual que millones de hombres y mujeres de todo el mundo, de todos los colores y sabores, me he recuperado en AA. Yo llegué al primer grupo de la ciudad de Matamoros en Tamaulipas, México, en 1975. Mi eterno agradecimiento a aquellas siete personas que me recibieron: Pedrito el panadero, Lalo, Paulo el boticario, Víctor Manuel, Pepe el ingeniero, Enrique el cuervo y Chuy. El grupo llevaba tan sólo tres meses de existencia y, pese a su escasa experiencia, me dieron un cálido recibimiento con una taza de café y un cigarrito. Recuerdo que en la tarjeta que me dieron decía en el anverso: "Si su problema es de alcoholismo, el problema es nuestro. Si después de escuchar la información quiere seguir bebiendo, ya es problema suyo".

En la reunión me dieron la bienvenida, me hicieron sentar para darme la información, me leyeron el enunciado, parte de la Tercera Tradición y parte del Quinto Capítulo del Libro Azul, que habla de cómo funciona el programa. A la mitad de la reunión me paré frente a ellos y de mis labios brotaron palabras que me salvaron la vida: "Yo no sé si sea alcohólico, pero yo me quedo con ustedes". Sentí que por primera vez yo decidía algo por mí, y que estaba entre gente que me ofrecía su amistad desinteresadamente. Ya no estaba solo. Mi padrino me aceptó tal cual era, no le importó que fuera homosexual. Se pasó un año guiándome y enseñándome el programa con el ejemplo. Desde entonces he disfrutado de mi gran familia de Alcohólicos Anónimos, y un día a la vez, el 2 de febrero de 2004, cumpliré mis 29 años de sobriedad.

Salvador S., Houston, Texas

91

Mi vocabulario, reflejo de mi recuperación

Marzo/Abril de 2004

Mucho se habla del vocabulario que debemos utilizar cuando nos expresamos en las reuniones de AA. Existen opiniones diversas con respecto a este tema. Algunos plantean que el vocabulario responde a distintas culturas, y a diferencias generacionales. Otros tienden a pensar que el podio debe ser un medio para que el alcohólico haga una catarsis y se despoje de sus cargas emocionales a través de un lenguaje "pueblerino"; que el narrar las experiencias de manera realista requiere que el vocabulario sea callejero, para así lograr mayor impacto en el que escucha. Hay quienes usan palabras y expresiones fuertes para darle énfasis a sus planteamientos.

Independientemente de las justificaciones que puedan existir para el empleo de palabras y frases vulgares al hablar, lo cierto es que el llamado que me hace el programa de AA mediante la práctica de los 12 pasos es al cambio. Estos cambios, según el programa y su literatura, son cambios de actitudes, de conducta, de mentalidad, de visión y de todo aquello asociado al mundo del alcoholismo.

Los tres primeros pasos de AA me sugieren aceptar mi incapacidad para controlar la bebida, convencerme de que sólo un Poder Superior me puede devolver el sano juicio, y que debo poner mi vida y mi voluntad al cuidado de Dios. Luego, al llegar al cuarto paso, debo evaluar mis debilidades y defectos y trabajar para eliminarlos. Entre las manifestaciones de debilidad o defectos de carácter pueden incluirse las blasfemias y el lenguaje soez. Sin la aceptación y la disposición para eliminar estos defectos, difícilmente logre reflejar la transformación que el proceso de recuperación representa. Por otra parte, un lenguaje vulgar puede ser una barrera para que la espiritualidad germine y se desarrolle en mi vida.

Como miembro agradecido de AA, debo demostrar que el programa no sólo me ha propiciado el dejar la bebida, sino que debo reflejar cambios en aquellos aspectos significativos de la vida como el amor y el respeto hacia los demás. Un cambio trascendental e imprescindible para la sobriedad es desinflar el ego, y adoptar paulatinamente la humildad.

Usar palabras chocantes en mi vocabulario puede ser interpretado como falta de domesticación del ego, o como un acto de machismo, inseguridad o arrogancia. Su impacto puede ser negativo hacia los demás y para la persona que se expresa. Debo recordar siempre que las relaciones públicas de AA se realizan a través de la atracción y no la promoción, como lo establece nuestra Undécima Tradición. Por lo tanto, mi conducta, incluyendo mi manera de hablar, debe constituir un modelo a imitar por aquel que se interese en conocer el programa y lograr la sobriedad.

Según mi apreciación personal, hablar de manera vulgar, en el idioma que sea (algunos en nuestra isla optan por el inglés), puede obstaculizar la recepción de un buen historial o del mensaje de Alcohólicos Anónimos, y no es congruente con los propósitos de nuestro programa, en particular la parte espiritual, que es el máximo guardián de mi sobriedad.

Eladio M., Grupo La Fe de Caguas, Puerto Rico

Cómo escogí a mi padrino

Marzo/Abril de 2004

M i nombre es Manuel y soy alcohólico. Tengo tres años y medio en la Comunidad. Durante los tres primeros años no tuve padrino. Aunque siempre pedía ayuda a los hermanos más antiguos, a nadie le decía explícitamente que lo fuese. ¿Por qué no lo hacía? Me parece que hay varias razones, una de ellas es que en mi grupo no se le daba la debida importancia a este tema. Había hermanos que tenían diez o más ahijados, mientras que otros no tenían ninguno. Otra de las razones fue un hecho que ocurrió a los tres meses de mi llegada. Era el día de la entrega de fichas, y todos los nuevos estábamos emocionados, en especial yo. Cuando vi que junto con la ficha se les entregaba una camiseta y un libro, más me emocioné. Cuál sería mi sorpresa al ver que sólo me daban la fichita. Al preguntarle al hermano que daba las demás cosas me contestó: "pregúntale a tu padrino". Yo no lo tenía, y ahora menos quería tenerlo.

Sin embargo, creo que la razón más importante era la soberbia. Éste es uno de mis defectos de carácter más saltantes. A todos les veía los defectos y a nadie consideraba digno de ser mi padrino. Me sentía superior a todos. Así estuve sufriendo hasta que un día, asistiendo a los Talleres de Liderazgo Integral, a la hora del almuerzo escuché una conversación entre dos hermanos con muchos años de sobriedad; hablaban de sus padrinos, y de los padrinos de ellos, y de la espléndida relación que llevaban entre todos. Sentí envidia (otro de mis defectos) y me sentí como en la escuela; cuando otros niños hablaban de sus papás y me quedaba callado, o inventaba fábulas acerca de cómo el mío había muerto luchando contra leones junto a Tarzán.

Después, ya en la reunión, se habló acerca de la importancia del padrinazgo, utilizando toda la literatura de AA acerca del tema. Entonces decidí que quería tener mi padrino. ¿Cómo lo encontraría? Esa noche oré y le pedí a mi Poder Superior que me ayudara a elegir un padrino que me guiara en el programa, en la práctica de Los Doce Pasos en todos mis asuntos. Y me quedé dormido.

Al día siguiente, ya en mi grupo base, miraba a todos sin decidirme por ninguno. Pero al salir al patio me encontré con un hermano al que siempre he tenido simpatía y he considerado "un verdadero AA". Era el mismo que coordinaba la primera noche que llegué y me recibió con una tranquilizadora sonrisa. Era el mismo hermano que siempre me alentaba para que hablara y me daba una palmada mientras decía: "ya pasará". Lo miré de frente, dudé y luché conmigo mismo, y sentí que mi conciencia me decía: es él, díselo, he ahí a tu padrino. Se lo dije. Me aceptó con mucha sorpresa y alegría. Yo era su segundo ahijado en casi diez años de sobriedad.

Mi padrino no es perfecto y nunca lo será. Siempre cometerá errores y hasta puede que recaiga. (¡Dios lo libre!). Pero no importa, yo lo aprecio igual. Al comienzo nos veíamos una vez por semana para conversar, ahora de vez en cuando, pero yo sé que él está allí para escucharme y sugerirme lo que esté a su alcance. Lo mismo trato de hacer con mi primer ahijado, del cual estoy muy orgulloso. Como dice mi padrino: Alcohólicos Anónimos es un mundo fascinante.

Manuel V., Lima, Perú

2004-2006

Vine sólo por
las firmas

Julio/Agosto de 2004

"Soy Ramiro y tengo problemas con el alcohol y quiero que me ayuden a dejar la droga…" y empecé a llorar. Ésas fueron mis primeras palabras después de haber llenado la tarjeta de firmas que me dieron en la corte.

Vengo de un pueblo de Michoacán llamado Paso de Álamos, que queda al lado de La Barca, Jalisco. Empecé a tomar y fumar muy chico. Yo decía que en ese pueblo había gente mala, porque algunos no me querían. Tuve que salirme por esa gente. Hoy entiendo por qué no me querían. Desde muy chico empecé a dar señas de ser muy cabezón. Hacía muchas tonterías, cosas que para mí eran juegos de adolescentes, pero que ahora sé que son muestras de mi vida ingobernable.

Mi madre sabía que tomaba y fumaba pero nunca me vio hacerlo. Delante de ella yo no decía groserías y en general la gente decía que yo era muy educado. Pero cuando tomaba empecé con mis amigos a meterme en líos. Los constantes problemas con la policía de La Barca y del pueblo y otros problemas me obligaron a salir y dejar a mi familia. De todos modos, yo no aportaba nada para el sostenimiento del hogar.

Llegué a Estados Unidos a fines de 1987, pensando que todo iba a cambiar. Pero el muchacho ingobernable, con su enfermedad a cuestas, vino conmigo. Seguí tomando cerveza y licor, luego llegó la cocaína y después el "crack". El hacerme drogadicto fue lo peor porque llegaron muchos más problemas. Me olvidé completamente de mi madre y de toda mi familia. Dejé mi trabajo y empecé a robar cosas pequeñas, y después más grandes. Yo sabía que tenía problemas con el alcohol y las drogas pero me era difícil reconocerlo. Hubo gente que trató de ayudarme pero no les hice caso.

Tuve que tocar fondo. Choqué cuatro veces con un carro. La última vez, un amigo mío sufrió daños en el brazo. Los sheriffs del condado de Riverside, California, me arrestaron y pasé por todo el proceso y el trato que reciben los borrachos. Estuve unos días en la cárcel del condado. Me citaron ante la corte varias veces. Como no tenía dinero para pagar, me sentenciaron a prestar servicio a la comunidad, es decir, limpiar calles y propiedades. Cuando el juez me leyó todo lo que tendría que hacer, le pregunté si me podía quitar las juntas de AA. Se levantó y me dijo: "Ni Dios padre te quita las juntas de AA". Entendí que tenía un problema más, pero me pareció fácil de solucionar. Pensé: "Nada más voy a Los Ángeles y compro las firmas". No fue así. Tuve que primero terminar las juntas de asesoramiento sobre alcoholismo y luego asistir a juntas de AA, ya que si no lo hacía, no me darían el certificado que necesitaba. Así es que fui al bendito Grupo La Esperanza de Vivir, en Perris, California y comprendí por qué Dios me permitió conocer a AA y al programa de recuperación.

Al finalizar mi primera junta, muchos compañeros me preguntaron: "¿Te gustó esto?" y yo les mentí y les dije que sí. Era mentira, yo sólo quería las firmas. En los días siguientes llegué a darme cuenta que en verdad AA era para mí. Veía cómo mis compañeros se molestaban en dedicar cinco minutos al terminar la junta para hablar conmigo. A mí me molestaba mucho porque yo quería irme, pero esos cinco minutos que los alcohólicos invertían en mí dieron sus frutos. No menciono sus nombres aquí, pero igual merecen mi respeto y que Dios los bendiga a todos. Uno de los cofundadores del grupo, el viejito Alex, me decía: "Quédese, don Ramiro. Usted está joven y trae doble estigma. Si usted se queda se van a quedar más jóvenes como usted".

Los compañeros que me recibieron se fueron a abrir otro grupo, el 12 Pasos de Perris, California, y yo me quedé en el mismo grupo con el viejito Alex, Toña (que hoy es mi esposa), don Ricardo, Aurelio "el potrillo", Beto "el chilango" y mi hermano Julio. Empezaron a llegar más personas, una a una, y me sentí orgulloso de haber puesto mi granito de arena en el grupo, junto con los demás. Entendí lo que me quiso decir el viejito Alex. Pasaron los años y el grupo creció, por la gracia de Dios y con la ayuda de mis compañeros.

Ahora nos tocó a algunos de nosotros abrir otro grupo en Lake Elsinore, California, que llamamos Grupo Bill y Bob. Estoy muy orgu-

lloso y agradecido con el grupo que me recibió a los 26 años, sin intención de ser miembro de Alcohólicos Anónimos. Este año he cumplido
once años de sobriedad dándole gracias a Dios por estar libre del alcohol y las drogas. Hoy me comunico con mi madre y mi familia. Mi
madre me dijo: "que Dios bendiga a los AA por haberme devuelto a
mi hijo". Y yo también digo: que Dios bendiga a Alcohólicos
Anónimos y al Grupo que me vio llegar.

Ramiro M., Perris, California

Cómo entender el anonimato

Septiembre/Octubre de 2004

Me ha llevado mucho tiempo comprender este principio espiritual, cuya naturaleza es el sacrificio.

Lo experimenté en dos etapas. En los comienzos, a pesar de que
tanto mis conocidos como los que no lo eran me veían alcoholizado,
me sentía avasallado por el estigma que se atribuye al alcoholismo.
Este estigma lo sentía en lo más profundo de mi ser, y no eran estigmas
del tipo que tuvo San Francisco, sino del otro: mala fama, deshonra,
vileza. Cosas perjudiciales y despectivas.

Dios me liberó de la obsesión alcohólica en mi primera reunión, a
través de la gran novedad de que el alcoholismo es una enfermedad, y
que no debía tomarme la primera copa, que era la que desencadenaba
el fenómeno del deseo imperioso. La sensación de alivio que sentí en
esos momentos es inolvidable.

A pesar de esa maravillosa experiencia, tenía una sensación ambi-
gua: por un lado estaba contento porque el alcohol había sido elimi-
nado de mi mente, pero por el estigma que revestía el alcoholismo,
tenía un sentimiento de carácter persecutorio. A pesar de este ambi-
guo estado interior, cuando se me presentaban ocasiones de pasar el
mensaje, lo hacía, pero con ciertas reservas. Con un aire un tanto mis-

terioso abordaba al factible compañero en un momento en que nadie nos escuchase, o bien concretaba un encuentro en algún lugar digno de una novela de espías, donde entregar mi información ultra secreta.

Estuve con la botella tapada por bastante tiempo. Pero un día, fue como si hubiera estado yendo en un caballo a todo galope y me topara con una gruesa rama a la altura del abdomen. Las palizas emocionales hicieron que buscara un padrino y comenzara a practicar el programa. Mi padrino, que cumplía servicio, en un momento me habló de la necesidad de revertir esa actitud parasitaria de no hacer nada por el que todavía está enfermo. Fue como si me hubiesen dinamitado la cabeza. Cambié rotundamente y "me puse la camiseta" de la comunidad. Esto fue una gracia de mi Poder Superior.

Liberarme del estigma fue como sacarme una pesada mochila de las espaldas. Pienso que en países como el mío, donde por razones de idiosincrasia, de orden cultural, o lo que sea, todavía está muy arraigado el concepto del alcoholismo como un vicio, debilidad o inmoralidad, no debo pasar la oportunidad de informar que el alcoholismo es una enfermedad, y de transmitir nuestro mensaje (sin transgredir las Tradiciones).

Según se cuenta en el libro *Transmítelo*, en Estados Unidos "en 1944, AA fue 'oficial'... 1944 fue el año en que la Asociación Médica Norteamericana lo reconoció como una enfermedad" (*Transmítelo*, pág. 299), en una época en que no existía la ONU, ni su Organización Mundial de la Salud (OMS).

Insisto con el tema del estigma porque está muy relacionado con el anonimato, y hace que haya una limitación de servidores, cuyo resultado final es que no se lleve el mensaje con la convicción necesaria al alcohólico que aún está sufriendo. Antes del derrumbe de mi estigma personal, decía mentiras cuando se me ofrecía una copa. Hoy simplemente digo: "No, gracias, soy alcohólico. Si empiezo a tomar no puedo parar. Dejé de hacerlo en Alcohólicos Anónimos".

Me sirvió mucho la sugerencia de un veterano cuando me dijo que no tratara de ser tan anónimo en mi entorno. Más adelante, lo sugerido lo vi avalado en la tercera parte de la sección VIII del Manual de Información Pública, donde dice: "Ningún A.A. tiene que ser anónimo respecto a su familia, amigos o vecinos. Pero ante el público en general —la prensa, la radio, el cine, la TV, etc.— la publicación de nombres completos o fotos es peligrosísima".

No sé cuántos factores confluyeron para que llegara a ser alcohólico. Hoy, como ayer, seguiré dando gracias a Dios por la sobriedad y por la Comunidad. Pero también tengo la convicción de que la gratitud, si no va acompañada de obras, está muerta. Y para plasmar esa gratitud, gozo de la libertad de prestar servicio. Tengo un afecto especial por la radio, ya que el mensaje lo recibí a través de una emisora local. En la actualidad presto servicio en el área sudeste de mi país. Recorremos diversas localidades y concurro muy gratamente a las emisoras cuando me invitan.

En los comienzos, las Tradiciones no eran de mi afecto. Gracias a Dios, recibí las sugerencias adecuadas y súbitamente comencé a interesarme en ellas y en el manual de servicio. Cuando leí los Conceptos por primera vez, entendí poco, por no decir nada. Pero cuando en la Sexta Garantía leo lo siguiente: "Sabemos que personalmente tenemos que optar por someternos a los Doce Pasos y a las Doce Tradiciones de A.A., o de otra manera vendría la disolución y la muerte para nosotros, tanto para los grupos como para los miembros individualmente" (*Manual de Servicio de A.A. y Doce Conceptos para el Servicio Mundial*, Concepto XII, pág. 76). Como decía, luego de esta lectura, dije adiós a las excusas, relativismos y racionalizaciones. Misteriosamente, no me molestó lo de "someternos". Acepté que debe ser así.

Nunca he violado mi anonimato en los medios de comunicación, y espero no hacerlo. Con este tema hubo dificultades en los comienzos. Tratar de relativizar las Tradiciones es tan peligroso como pretender innovarlas. En un contexto general, las Tradiciones 6, 10, 11 y 12 están como entrelazadas. Es un tema que debatimos frecuentemente con los compañeros.

Si bien el anonimato es una decisión personal, conviene no olvidar sus objetivos básicos. Por un lado, proteger al miembro de AA y, por otro, proteger a la Comunidad. No en vano Bill habló de nuestros "tontos egos". Bill escribió mucho sobre el anonimato, pero el Dr. Bob nos dejó un mensaje maravilloso sobre este asunto: "Hay dos formas de romper el anonimato: (1) dando tu nombre al nivel público de la prensa o la radio; (2) siendo tan anónimo que no puedan llegar hasta ti otros borrachos" (pág. 277, *El Dr. Bob y los Buenos Veteranos*).

Para concluir, una cuestión que me resulta desagradable es cuando a un vulgar chusmerío se le asigna mayor importancia que a una flagrante ruptura del anonimato a nivel de la prensa. Tal vez esas personas deberían profundizar en su inventario. La confidencialidad de lo vertido en la reunión debo respetarla, y también es vital hacerle comprender al recién llegado un aspecto de la 12ª Tradición: "Entusiasmados por la recuperación espectacular de un hermano alcohólico, a veces hablábamos abiertamente de los detalles íntimos y angustiosos de su caso, detalles que estaban destinados únicamente para los oídos de su padrino" (*Doce Pasos y Doce Tradiciones*, pág. 180).

Adán B., Grupo Nueva Esperanza, Mar del Plata, Argentina

El dolor de una mujer alcohólica

Noviembre/Diciembre de 2004

Mi nombre es Magalis y soy alcohólica, una alcohólica agradecida de todo corazón a este maravilloso programa que es Alcohólicos Anónimos.

Recuerdo que cuando llegué por primera vez a una reunión de AA, gracias a un compañero que siempre recordaré con agradecimiento, llegué loca y sin idea de lo loca que estaba. Se me hizo difícil aceptar que era alcohólica. Tuve que darme a la tarea de aceptar mi alcoholismo, de ser honesta conmigo misma y de practicar el programa.

Mi alcoholismo fue doloroso. Fueron muchos años de sufrimiento. Perdí mi dignidad, mi valor como mujer, al extremo que no sabía lo que era tener autoestima. También hice mucho daño, especialmente a mis tres hijos. Nunca supe ser una madre para ellos. Mi enfermedad no me lo permitía. Siempre la primera era yo. El daño que causé no fue físico, sino emocional y mental, el tipo de daño que se lleva en el alma por mucho tiempo.

Gracias a los Pasos 2, 3, 8 y 9, hoy entiendo que Magalis no es culpable, sino responsable. No fue fácil la reparación con mis hijos, ni perdonarme a mí misma. Muchas veces recuerdo mi pasado, pero no para herirme, sino para saber de dónde he venido, y para no volver a sentir ese vacío que llevé durante tantos años de alcoholismo activo. Vivía en la oscuridad y pensaba que jamás iba a salir, pero gracias a mi Poder Superior y a AA encontré la luz de mi salvación.

Hoy por hoy, de 24 en 24 horas, llevo trece años en este maravilloso programa. He tenido mis altas y mis bajas. Perdí a mi hermano, luego a mi padre y el 4 de agosto de este año me mataron a mi hijo. ¡Qué dolor tan grande y qué desesperación! Me llamaron de madrugada para avisarme. Llegué al hospital y efectivamente, vi a mi hijo muerto en una camilla. Me puse a gritar y a llamar a Dios. Nunca sentí un dolor tan grande, pensé que se me iba a desgarrar el corazón. Llegué a mi casa como a las cuatro de la mañana, y a la primera persona que llamé fue a mi madrina para darle la noticia y compartir mi dolor con ella.

Gracias, madrina, por estar ahí cuando te necesito, tanto en las buenas como en las malas. El mundo se me derrumbaba, pero no estaba sola. Los tenía a ustedes, compañeros y compañeras de AA. No pasaron ni cinco minutos y ya estaba sonando el teléfono con sus llamadas. Muchos me acompañaron al cementerio, y no me dejaron sola. Pero sobre todo tenía a una Persona que nunca me abandona: mi Poder Superior. Ese Dios que no me abandonó ni siquiera en los tiempos de mi actividad alcohólica, menos me va a dejar sola en estos momentos de dolor y sufrimiento. Y comienzo a recitar la Oración de la Serenidad. También recordé la Oración de San Francisco, que aparece en el Paso 11. Me ayudaron mucho las palabras: "concédeme consolar y no ser consolado".

Ya mi hijo está descansando y yo sigo buscando esa paz que tanto necesito. Han pasado dos semanas desde ese día y todavía lloro cuando do me acuerdo de mi hijo, al saber que ya no me va a llamar para saber qué cociné. No podré abrazarlo ni darle un beso, aunque lo lleve en el corazón. Gracias a AA no tuve que levantar esa primera copa para ahogar mis penas. Pase lo que pase, Magalis no levanta esa primera copa, porque si lo hace también perdería su vida.

En estos momentos, yo quisiera exhortar a todos los grupos de Puerto Rico y del mundo entero que se acuerden que las mujeres también sufren. Que se les dé la oportunidad de compartir en las reuniones. Nos olvidamos, muchas veces, que éste es un programa de "hombres y mujeres" que compartimos nuestra experiencia, fortaleza y esperanza, como dice el Preámbulo. Yo estoy aquí porque me harté del ron, que me causó muchos problemas. Sufrí e hice sufrir a mis seres más queridos. Y como pueden ver, aun dentro de AA suceden situaciones dolorosas, que nos hacen sufrir y necesitamos compartirlas en los grupos. Para mí es triste cuando no dejan hablar a una AA en las reuniones públicas; muchas veces mandan a hablar a una integrante de Al-Anon. No tengo nada en contra de esa fraternidad, donde conozco a mucha gente que quiero mucho, pero "lo primero, primero".

Nuevamente, gracias a mis compañeros y compañeras por estar conmigo mano a mano en mi dolor.

Magalis, Puerto Rico, por correo electrónico

Un pueblo sin Dios

Enero/Febrero de 2005

No había cumplido yo la década cuando de la escuela las maestras nos llevaron a ver *Un pueblo sin Dios*. Más que ver la película, yo la sentí en lo profundo, porque la miseria de aquel pueblo ficticio era la que imperaba en el mío: las mismas tres calles oscuras con su sacerdote y sus cantineros. Allí se sucedían los pleitos y las enfermedades, la miseria y las catástrofes naturales como inconfundible señal de abandono.

Huejuquilla era un pueblo agropecuario y a mí me tocó nacer en una familia de labradores sin tierra, por cuyo oficio nos ganamos el calificativo de "medieros". Ser mediero significaba trabajar en el campo los veranos, y en lo que se pudiera el resto del año. Las cosechas venían según el temporal y había que compartirlas con el patrón. El trabajo no era seguro. Lo que sí abundaba era el ocio, la resignación, la frase "ni modo". Muchos gastaban el poco dinero en alcohol, creyendo poder romper así aquella rutina.

En ese mundo me crié y no recuerdo haber pensado en estudios que fueran más allá de la primaria. En cambio, sí albergaba en el corazón la esperanza de crecer, de llegar a beber mucho para sentirme libre, alegre y ver todo bonito. La plaza y la calle fueron mi verdadera escuela. Hice mío un repertorio de canciones tristes que me ayudaron a expresar lo que venía callando y hasta lo que estaba por vivir. ¡Cómo añoraba ser grande, fuerte, gritón: un Jorge Negrete! Fui como el actor que hace todo: escribe su propio guión, diseña la coreografía, el vestuario y escoge la música.

El candidato a bebedor siempre está listo. Un día cualquiera se le atraviesa la botella y experimenta los efectos que cautivan su mente. A mí la oportunidad se me presentó a los ocho o diez años de edad, durante una fiesta de vecinos en la que sobraban la cerveza y el tequila. De inmediato me adapté a su sabor amargo. Adiós miedos y tristezas. Bienvenida la liberación. Se me destrabó la lengua, grité canciones y quebré botellas contra la cerca.

El niño asustado se volvió desobediente. Desde ese día mis padres me rogaron para que cumpliera con mis deberes de hijo. Mis nuevos amigos alimentaron mi rebeldía celebrándome todo lo que les caía en gracia. Me parecía que todo bebedor de mi camada debía ser así. Mis padres eran los equivocados; yo no. Había avanzado en los escalones de la vida e, incluso, me sentía superior a los muchachos mayores, especialmente a los que daban importancia a los asuntos de la iglesia y servían de monaguillos. Gané fama de valiente y arriesgado (o eso era lo que yo creía), pero bajó mi rendimiento en la escuela y mi producción en el trabajo. Me refugié en el ocio.

Eran los años '70. Las costumbres de los hippies llegaron a nuestro pueblo con diez años de retraso, pero su vestimenta y sus ideas nos parecieron renovadoras en nuestro ambiente netamente rural. Me dejé crecer el pelo. Quería tener una barba al estilo de Cristo, pero era lampiño. Me arreglé unos pantalones viejos para que parecieran de campana. Nos emborrachábamos con los ritmos del momento. ¿Quién se iba a acordar de la escuela?

No me sorprendía que cualquier mañana, camino a la escuela, alguien desde el mostrador de una cantina me invitara a tomar. Por ética estudiantil yo le decía que no, no ahora, tal vez por la tarde, a la salida. Pero el bebedor me invitaba ahora y se suscitaba el siguiente intercambio de palabras: —Ándale, una no es ninguna. —Ya te dije que voy a la escuela. —Pero, hombre, si ustedes nunca se rajan. —No es que me raje… —Ah, no seas gallina. —Bueno, nomás una, pues.

Un borracho no puede engañar a otro. Los dos sabíamos que a la primera le seguía la segunda y así, sucesivamente, hasta que el alcohol se me subía a la cabeza. A la tercera o cuarta optaba por no presentarme en la escuela a fin de evitar que la maestra me oliera el tufo. Ni siquiera llevaba la tarea. Era preferible que anotara la falta a que me fuera a acusar de borracho ante mis padres. Mas, ¿quién iba a pensar que la acumulación de faltas me iba a poner al borde de la expulsión? Me presenté a la escuela tomado. Traté de ahuyentar el aliento alcohólico con chicles de hierbabuena. Copié tareas de diferentes pupitres a la vez, sin el consentimiento de mis compañeros, y saqué las peores calificaciones del salón. La vergüenza me hacía beber más. En los recreos subía a la azotea a beber tragos de una botella de tequila que había escondido con antelación.

Pero una mañana inesperada, la Madre Superiora me llamó a su oficina. Ahí estaban los maestros de las diferentes materias, serios, pensativos. La única silla vacía era la que me esperaba. Cada uno fue dando su informe, nada favorable, sobre mi conducta. No había ninguna señal de supervivencia académica y yo lo sabía.

De la oficina salí chiflando para espantar mi miedo a la reacción de mis padres. Yo era su hijo mayor, en quien habían depositado todas sus esperanzas. Querían que fuera doctor, abogado, ingeniero, cualquier cosa de provecho para ellos y para mí. Les dije que "me habían corrido". No me dijeron nada. Me dio gusto. No fue necesario explicarles las excusas que había tramado en el camino. Pero, a la larga, su silencio fue el peor regaño que hubiera recibido.

Me sentía como un chivo descarriado cuando en las mañanas veía a mis excompañeros con sus libros bajo el brazo. Ya ni la mirada me dirigían; mucho menos, un saludo. Ese aislamiento me duró algunas semanas y no hallaba qué hacer con tanto tiempo encima. Pero mis amigos de parranda, corteses y risueños, acudieron a mi rescate. Dijeron que mi expulsión de la escuela no era razón para avergonzarme, sino una liberación digna de celebrarse con una botella. Me dijeron que a "don Fulano" de nada le sirvió el estudio y que más de un profesional había terminado como agricultor o comerciante. Bebí, insulté en voz alta a los maestros y me reí de los estudiantes. Me sentí grande.

Con mi pseudoindependencia vinieron los recortes en el dinero que me daban mis padres los domingos. Me dijeron que nada merecía. Hubo constantes reclamos sobre mi modo de beber y mi rechazo hacia nuestros parientes y nuestras costumbres. Al principio, fui inmune a sus críticas. Luego perdí todo control sobre mi vida. Si trabajé (como obrero) fue porque tenía cansados a los cantineros y a la gente que se compadece de los borrachos dándoles un trago. Trabajé en la construcción de la presa de Huejuquilla, con un pico, una pala y unas manos que comenzaban a temblar como consecuencia de mi alcoholismo. Era un trabajo extenuante, duro para mi condición de borracho adolescente. Recibía cheques quincenales, para entregarlos, ahí mismo, a los cantineros.

Llegaron las lluvias de junio. Se acercaba la graduación de los estudiantes que me rebasaron en uno de los tantos grados que reprobé. Un albañil llamado Emilio, me hizo notar que muchos aspirantes a profesionales estaban haciendo los trámites para continuar sus estudios en Guadalajara y en Zacatecas. "¿Y tú, qué piensas?", me dijo. "¿Dedicarte al pico y a la pala toda tu vida?" Traté de defender mi reputación de bebedor controlado y me habló más fuerte. Tuve que escucharlo, y esa tarde no pude beber. Me fui directamente a la casa y, encerrado, pensé mucho en mis equivocaciones y en mis fracasos, pero no encontré respuestas, sólo limitaciones: limitaciones de todo tipo por todos lados. Tal vez mi plática con Emilio fue una bien intencionada invitación a salir del precipicio, quizás la Madre Superiora y los maestros me expulsaron para darme una lección, pero, al final, hice como la mayoría de la gente bebedora que se queja y sigue bebiendo para ahogar el sentimiento de culpa.

Beber es mi destino, pensé, porque en un pueblo como Huejuquilla, tan alejado de todo, no se podían esperar milagros. Y seguí viviendo así, porque no había otro modo de vivir, o no lo veía. Los amigos, el ambiente, la costumbre me ataban a la rutina y los ratos de lucidez se desvanecían tan pronto como llegaban. Me empecinaba en seguir impresionando a mis amigos y en engañar a la gente de buen vivir. En realidad, me engañaba a mí mismo.

Me dolió mucho recibir el rechazo de la gente normal, pero el rechazo de los cantineros y de los bebedores "normales" me destrozó. Entonces sí me sentí un bebedor devaluado, y supe que sería un bebedor solitario los días que me tocara vivir. Ya no me importó lo que la gente dijera de mí. Ya poco me importaba dormir en la casa o fuera, andar sucio o limpio. La preocupación, la exigencia, era conseguir el próximo trago.

En ese trance pasé gran parte de mi juventud. Mis excompañeros regresaron profesionales y yo seguía en las mismas. Mi abuela me preguntaba: "¿Qué piensas?" No pensaba. Me resignaba a las malas rachas económicas, laborales, morales y amorosas que suelen ser inseparables compañeras del bebedor asiduo.

Lo que vino a estremecer las fibras de mi inconsciencia fue la noticia de que a Huejuquilla había llegado "el remedio" contra la enfermedad conocida como alcoholismo. Hoy no me ofende ni me sorprende haber sido uno de los primeros prospectos. En mi pueblo éramos muy afectos a las novedades. Colmábamos de atenciones a las visitas, celebrábamos la llegada de algún producto o servicio, haciendo fiestas con bombos y platillos. Ahora "el remedio" era el mensaje de Alcohólicos Anónimos, pero nadie, aparte de un reducidísimo grupo, lo recibió como tal, porque su portador no podía ser otro que un exbebedor. ¿Quién quería arruinar su reputación, mucha o poca, juntándose con la gente de mi gremio, aquellas sombras robotizadas que nos deslizábamos por los callejones a cualquier hora del día o de la noche?

De modo que el crecimiento de Alcohólicos Anónimos en mi pueblo se fue dando por invitación personal, con ruegos, y yo fui de los invitados aquel 1981. Tardé un año en quedarme, aún a sabiendas de que me autodestruía. Al principio fue difícil reconocer que si paraba de beber hoy, durante 24 horas, al día siguiente me iba a sentir bien, y que mi restablecimiento iría en aumento. Había tanto por aprender y restaurar, que sólo por sugerencia y ejemplo de los iniciadores pude tomar las cosas con calma. Por lo pronto, estaba sin beber, y comenzaba a mirar al pueblo con nuevos ojos. Eso era para mí una ganancia inesperada. En vez de seguir quejándome de mi situación personal, me dio por visitar a excompañeros de parranda para contarles cómo me sentía y qué fuerza estaba provocando en mí ese reconfortante sentimiento de libertad. Una veces me llevaba el propósito de invitarlos a una reunión; otras, la intención de reparar daños. "Qué bueno que dejaste de beber", me decían, "ya te hacía falta". Las respuestas y los comentarios variaban, pero mis padrinos decían que esto era así, y que lo importante era continuar.

Poco a poco fui dándome cuenta de que el pueblo de la película era un pueblo neutral, y que el sufrimiento o la felicidad de sus personajes era un reflejo de su propia condición de vida. En ese sentido, como alcohólico anónimo, llego hoy a la conclusión de que Huejuquilla era un reflejo mío, de lo que yo hacía o dejaba de hacer, de mi modo de pensar, de hablar y de ser.

Está claro que no podía hacer nada por cambiar las circunstancias que se desarrollaban en la trama de la cinta. Era ficción. Pero sí podía transformar mi relación individual con el municipio, si comenzaba a cambiar yo. Era mi deber.

Me dijeron mis padrinos que en ese esfuerzo de transformación, el Poder Superior sería mi cómplice, si yo quería, ya que en Alcohólicos Anónimos a nadie se le fuerza a nada, sólo se le sugiere, y cuando lo pide. Me dio risa porque la expresión "Poder Superior" me pareció un poco tonta. ¿Quién era el Poder Superior? ¿Dios? Los cofundadores del grupo notaron mi escepticismo. Me dijeron que no era el concepto del dios castigador, sentencioso o impositivo, sino un concepto nuevo, pero a la vez antiguo, una fuerza que rebosaba cualquier definición de la que yo tuviera memoria, porque no se le definía con palabras, sino en la acción.

Estas palabras reveladoras cobraban sentido a diario en las reuniones, en las lecturas de los Doce Pasos y las Doce Tradiciones y en la convivencia con la gente del pueblo, que seguía sin entender la naturaleza de mi "remedio", pero que se alegraba de que me hubiera hecho bien.

Han pasado más de tres décadas desde que vi aquella película memorable y más de dos desde que llegó el mensaje a Huejuquilla. Huejuquilla sigue siendo el pueblo que tiene que ser, con sus problemas sociales, sus aciertos y su devenir. Un pueblo del que formo parte. Estoy consciente de que, de seguir bebiendo, lejos de contribuir a su tranquilidad, a su desarrollo y a la superación de sus habitantes y a la mía propia, no haría más que transportar la problemática de la película a la realidad. Pero mi pueblo no es un pueblo abandonado. Ésa era mi idea, mi percepción. Esto lo he aprendido en Alcohólicos Anónimos, lo he comprobado tras haber puesto a prueba el poder del Poder Superior que me sacó de beber.

Ricardo Enrique M., Skokie, Illinois

111

Una conciencia mal informada es una conciencia manipulada

Marzo/Abril de 2005

Al hacer este embarrado de tinta, estoy pensando en algunos deslices en los que he caído en varias ocasiones dentro del programa de AA, como miembro en recuperación. Cualquier parecido con otro alcohólico, vivo o muerto, no es coincidencia. Como dice el refrán, "Al que le caiga el guante, que se lo plante". Si usted se siente aludido, aplíquese la Regla 62 (no te tomes tan en serio).

Cuando llegué a Alcohólicos Anónimos en 1980, jamás pensé que un día sería uno de los miembros que, con sólo levantar la mano o hacer un gesto de aprobación en mi grupo base, formaría parte de la conciencia de grupo, y mucho menos que con el correr del tiempo sería elegido servidor del grupo. El prestar servicio en el grupo se hizo una necesidad para mí, no porque sea muy espiritual ni porque tenga vocación de servicio, o por el sentido de pertenencia, sino que, como buen "borracho arrepentido" sigo siendo manipulador.

En varias ocasiones, he sido uno de los que ha manipulado la conciencia de grupo, pues como veterano he conseguido que los demás miembros vean por mis ojos miopes y hagan lo que les digo, sabiendo que estoy equivocado, tergiversando las cosas, utilizando partes de la literatura acomodaticiamente, sólo por salirme con la mía. Esto le ha causado algunos dolores de crecimiento innecesarios al grupo. Y sin ninguna humildad sigo diciendo: "lo que hice fue por el bien de AA".

No me voy del grupo pero mi actitud ahuyenta a miembros de reciente ingreso, que no pueden creer que todavía haya gente como yo en un programa tan espiritual como éste. Junto con otros compañeros formamos una "rosca" que no da paso al que quiera intentar hacer algo positivo por el grupo, o como decimos por acá: "ni prestamos el hacha, ni rajamos la leña".

La rotación es, pues, algo que trato de ignorar, porque, ¿cómo voy a buscar cuchillo para mi propio pescuezo? Tan culpable soy, como la conciencia de grupo que no me echa por votación. En algunas ocasiones, cuando veo que las cosas en el grupo se me están saliendo de las manos, y siento que la conciencia de grupo va a estar en mi contra en la reunión de trabajo (reunión administrativa o de negocios), le pido a mi esposa o hija que me acompañe a esa reunión, lo que altera el orden de la misma y evita que sucedan cosas que me hubieran causado un fuerte disgusto. Dispongo de unos días para tratar de cambiar las cosas a mi favor. No me pasa por la cabeza que esto atenta contra la Primera Tradición.

En muchas ocasiones mi sí no significa sí; ni mi no, no, sino más bien depende del grado de manipulación al que voy a someter a los demás. Después de mucho tiempo de no querer arriesgarme a perder mi feudo, acepto ser el RSG del grupo. Ahora sí que este grupo va a crecer, si hacen lo que yo les digo. Al fin y al cabo, soy el servidor más importante en la estructura de AA. Puedo comenzar entonces a manipular a otro nivel; me convierto en "senador". Lo primero que digo es, "a esta área la compongo yo. Han pasado mucho tiempo sin un verdadero líder. Por eso es que esta área no crece".

Se inicia así otro período de manipulación. Mi mente comienza a decir: "estos compañeros están carentes de la mística de AA que yo sí poseo". Me postulo para presidente de área. ¿Qué mejor posición para manipular la conciencia colectiva del área? Y pobre de aquel compañero o RSG que se atreva a insinuar que las cosas bajo mi mando no andan bien. Primero lo insulto con palabras de alto calibre. Luego, le monto una cacería de brujas: comienzo a decir en toda el área que Juan o Juana está en una "borrachera seca" y hasta soy capaz de inventarle una recaída, todo por el bien de AA. No me doy cuenta que el borracho seco soy yo.

Cómo gozo con hacer sufrir a otro servidor, humillándolo frente a los demás. Me olvido que si no hubieran existido compañeros que prestaban servicio antes que yo pasando el mensaje, no hubiera podido este alacrán llegar a esta maravillosa comunidad.

Continúo con el paso arrollador construyendo una sólida estructura y en mis desvaríos pienso en lo que haré cuando sea delegado y me toque representar a mi área en la Conferencia, que por supuesto será la primera "verdadera Conferencia", la más fructífera que habrá existido. Basta y sobra con que yo esté presente para que las cosas se hagan bien, como dicen los manuales.

Espero que Dios me ayude a superar esta manía de manipular a los demás, y sobre todo, me dé el suficiente sano juicio para no seguir informando a medias a la conciencia de grupo con el fin de manipularla, pues esta costumbre me ha impedido ser aceptado tal como soy, un simple enfermo alcohólico, que a duras penas dejó de beber.

Facho Q., Panamá, Panamá

Paso 6:
El paso más difícil

Mayo/Junio de 2005

Uno de los frutos del inventario moral realizado en el Cuarto Paso, y admitido ante Dios, ante nosotros mismos y ante otro ser humano en el Quinto Paso, es la identificación de los defectos de carácter que entorpecen nuestra vida y nos ponen en conflicto con el mundo y con los demás. Ahora bien, ¿cómo se hace el Sexto Paso? ¿Es éste realmente un Paso que requiere acción, o se trata más bien de un desarrollo interno de tipo espiritual?

Un veterano de AA me lo resumió de este modo: El Paso 6: No hagas lo que quieres hacer. El Paso 7: Haz lo que no quieras hacer. Detesté estas definiciones, que me parecieron simplistas y exageradas, pero el tiempo me ha mostrado que mi amigo tenía bastante razón. "Lo que quiero hacer" es en muchos casos lo que mis defectos de carácter me sugieren que haga. En muchos casos, alguna burrada. Parte del proceso de cambio que nos señala el Paso 6 es dejar de hacer automáticamente lo que me dicten estos defectos. Ésa es la primera parte, y luego, con el Paso 7 (invocando la ayuda de mi Poder Superior), logro la liberación del defecto y el consiguiente cambio de conducta.

A decir verdad, nunca me gustó el término "defectos de carácter". Otra forma de entenderlos tal vez sea "estrategias de supervivencia". Cuando no teníamos la guía de un programa espiritual y vivíamos en la cárcel del alcohol, estas actitudes y comportamientos, si bien a la larga eran dañinos, nos permitieron sobrevivir. Eran nuestras armas ante el mundo. Como armas que eran, causaron mucha destrucción. Ahora que ya no tomo, me resultan peligrosas. Generan dolor, y como ya no cuento con el alcohol para anestesiarme y olvidarme de todo, básicamente no me sirven.

No me gusta admitir que es el dolor el que me impulsa a cambiar. Esto lo aprendí en mis primeros tiempos de sobriedad. Al actuar según mis defectos de carácter, entro en conflicto con los demás y me ocurren cosas dolorosas. El proceso de inventario sistemático que me indican los Pasos me revela mi participación en los problemas que tengo con el mundo, mi enorme responsabilidad en casi todo lo que me pasa.

Despojado de la venda del autoengaño, no me queda otra cosa que cambiar. Necesito abrir la mente. Tengo que aprender nuevas formas de ser y estar en el mundo y de relacionarme con los demás. Esto es algo bastante duro pero, afortunadamente, no es algo que tenga que hacer yo solo. Como dice el enunciado del Paso 6: "estuvimos enteramente dispuestos a dejar que Dios nos liberase...". Yo pongo la buena voluntad, Dios me libera. Según lo entiendo yo, el éxito que tenga con este Paso depende de mi buena disposición a relacionarme con el Dios de mi entendimiento, mi Poder Superior. Ésta es una vivencia muy personal, y el programa no me limita en ningún sentido diciéndome en qué o en quién tengo que creer. Pero, cuando en AA nos dicen que el programa es netamente espiritual, es ésta la razón: mi fuerza de voluntad por sí sola no es suficiente para cambiarme. El cambio proviene de mi aceptación de un poder superior a mí y de su influencia benéfica.

El proceso será tan largo y penoso como sea necesario para lograr mi desarrollo espiritual. Algunos recorren este camino a un buen ritmo desde el comienzo, otros lo hacen en cámara lenta. La mayoría lo hacemos a trompicones, arrastrando los pies. Otros, desgraciadamente, se pierden, viven sin sano juicio o vuelven a tomar.

En un retiro espiritual hace muchos años escuché de labios de un alcohólico que el proceso espiritual no es una línea continua y ascendente, sino que consiste en caer y levantarse de nuevo, una y otra vez. Los alcohólicos no somos santos, somos personas que intentan crecer espiritualmente. Nos levantamos y lo intentamos de nuevo. Afortunadamente, existen muchas formas de ayuda sugeridas: el consejo de nuestros compañeros más serenos y avanzados, las disciplinas o métodos espirituales, principalmente la oración y la meditación, la ayuda psicológica y la religión. Cada cual hace uso de las herramientas según su propia búsqueda y necesidad.

En mi caso, he podido comprobar la utilidad de asistir a un retiro espiritual un par de veces al año. AA como agrupación no organiza retiros, pero algunos de sus miembros sí. El mero acto de aislarme temporalmente del mundanal ruido y acercarme en silencio a mi Poder Superior, el tener acceso a un consejero espiritual y compartir con otros compañeros que también están en la búsqueda, me ha sido muy provechoso. En esos momentos tranquilos puedo conocer mejor a ese Poder Superior a quien acudo, una y otra vez, tras mis inevitables tropiezos.

Anónimo, Nueva York

En una isla del Báltico

En el grupo no había Libros Grandes ni se conocían las Tradiciones. ¿Era realmente AA?

Julio/Agosto de 2005

Hace poco más de un año me mudé a un grupo de islas ubicado en medio del Mar Báltico. Antes de esta mudanza había vivido en Suecia durante tres años con mi nuevo marido, criando a mi hija. Allí había sacado mi licencia de conducir y tomado clases de sueco.

Sentí un gran entusiasmo por la mudanza, ya que esperaba poder tener un mayor acceso a reuniones de Alcohólicos Anónimos. Nuestro hogar en Suecia quedaba en el campo y el trayecto que hacía mi marido para ir al trabajo, sumado a la crianza de mi hija y a la falta de ayuda doméstica, hicieron que estuviera desconectada de las reuniones de AA. Mi Poder Superior me conservó y me ayudó de innumerables maneras durante aquellos años, pero finalmente iba a vivir en un pueblo, si bien pequeño, y el trabajo de mi esposo estaría lo suficientemente cerca para que pudiera volver a casa temprano y ocuparse de nuestra pequeña.

Mi introducción a mi nuevo grupo fue un poco angustiosa. Llamé al número de AA que me dieron y me contestó una máquina con un mensaje que tuve dificultad en comprender: ¿Decía que ya no había reuniones? ¿O tal vez el número estaba en desuso y era de otra cosa?

Finalmente vi un anuncio en un periódico que informaba sobre una reunión abierta mensual, celebrada conjuntamente con miembros de Al-Anon, ya que tan sólo unos pocos AA asistirían a una reunión abierta. En dicha reunión me enteré que sí existía un grupo de AA y que se reuniría el siguiente martes.

Llegué con gran ansiedad a la reunión y me encontré con algo ligeramente distinto a lo que estaba acostumbrada: cuatro o cinco hom-

117

bres mayores, sentados alrededor de una mesa. El entusiasmo vital que generalmente veía en AA brillaba un poco por su ausencia. Estos hombres nunca hablaban de sus borracheras para ayudar a la identificación, ni mencionaban el Libro Grande. La reunión era dirigida de forma bastante autocrática por la persona que había fundado el grupo y que, hasta que aparecí yo, era quien tenía el mayor tiempo sin beber. No podía entender la mayor parte de lo que se decía, y los demás tampoco me entendían muy bien a mí.

Seguí yendo a la reunión y empecé a entender que éste no era el AA donde logré la sobriedad, allá en Boston. El grupo no hacía ninguna labor de Paso Doce. El líder del grupo era el único que se ocupaba de eso a través del número de teléfono que me había causado tanta confusión. El grupo no leía el Libro Grande; me dijeron que el texto era demasiado confuso para el recién llegado. Además, la mayor parte de los integrantes del grupo rechazaban la idea de Dios, demostrando una actitud anti-espiritual bastante común en esta parte del mundo. El líder del grupo coordinaba todas las reuniones, sin excepción, y las mismas personas hacían la lectura de "Cómo funciona" y del Paso del día, que provenía de un pequeño manual, no de *Doce Pasos y Doce Tradiciones*.

Fue entonces que descubrí a AA en la web, así como información sobre la reunión de solitarios e internacionalistas (LIM, por sus siglas en inglés), en la cual me anoté. Recibí ayuda de una señora muy gentil de Tasmania, Australia, quien me recomendó que siguiera asistiendo a mi grupo local, pasara lo que pasara, que necesitaba el contacto directo.

También hice un pedido de literatura (por algún motivo, un misterioso grupo de AA se hizo cargo de los gastos de correo) y recibí mucha ayuda y consolación de las palabras de Bill W. en *Alcohólicos Anónimos Llega a su Mayoría de Edad*. Mis lecturas de este libro me convencieron de que existen tantas formas diferentes de encarar este programa de Dios. Sencillamente puedo poner el desarrollo de mi nuevo grupo en las manos de Dios: ¡es así de simple!

Después de un tiempo, comencé a sentirme más cómoda, de una manera extraña. Cuando me presenté para celebrar mi aniversario, trayendo mi propia torta, como era la costumbre, me sentía bastante deprimida por tener que celebrar mi aniversario de sobriedad en compañía de estos hombres, tan alejados de mi forma de ver las cosas. No obstante, Dios me obsequió con la visita de dos mujeres sobrias en aquella reunión. Supe que tenía que seguir viniendo.

Uno de los miembros de más edad se acercó a mí, me dio una revista Grapevine, y me animó a que me suscribiera. Eso fue una ayuda increíble, y ahora soy una devota lectora de la revista.

Cuando compré la versión sueca del Libro Grande me di cuenta por qué nuestro grupo no la utilizaba. Era bastante cara para la gente de las islas, unos 21,50 dólares si se encargaba a Suecia. Comencé a apreciar la devoción del líder del grupo a que AA comenzara en nuestras remotas islas, y la dedicación que su esposa ponía en la coordinación de las reuniones de Al-Anon.

La cosa más importante que he descubierto en este grupo es que puedo seguir mi recuperación sin hablar y sin tener una reunión hecha a la medida de mis gustos personales. Creo que mi Poder Superior me envió aquí para que me viera forzada a cerrar la boca y simplemente sentarme y experimentar el proceso de "curación" que se produce en una sala llena de gente sobria. Muy pocas personas de mi grupo "siguen la línea de AA" cuando hablan, sencillamente porque no la han conocido y, sin embargo, nos enfrentamos a nuestros problemas sin beber, y temblorosamente nos aproximamos a los Doce Pasos de recuperación (con cierta aprehensión, curiosidad y humor).

Mi principal contribución ha sido criticar al líder del grupo por hablar con entusiasmo de su aniversario futuro. "En el lugar de donde vengo" pude decir en sueco, "solamente tenemos un día". Esto fue para el pobre hombre un pequeño choque, pero ha incorporado mi observación a su recuperación y muy simpáticamente me mira cada vez que dice en la reunión: "y me tomo esto un día a la vez".

No he tratado de traer mi Libro Grande en sueco y leerlo en la reunión, ni tampoco he intentado sermonear a la gente sobre la importancia de trabajar con otros alcohólicos para mantener la sobriedad, así como tampoco he tratado de importar la versión americana del proceso democrático que rige las decisiones tales como qué hacer con

119

nuestro excedente de fondos. Sí he compartido sobre mi crecimiento gracias a los Pasos en el último año, he hablado sobre la labor de Paso Doce que puedo hacer a través de la Internet, y he mencionado que le pido a mi Poder Superior todos los días que me ayude a mantenerme alejada de un trago.

No espero cambiar a estas personas y, hablando francamente, a estas alturas tampoco me interesa. Los quiero tal como son. Me ayuda bastante el solo hecho de sentarme y meditar durante las reuniones. Me asombra que AA exista en este lugar, en un sitio tan aislado, con todos los prejuicios que existen contra los alcohólicos y la ausencia de la comprensión que uno ve en otras partes sobre el hecho de que se trata de una enfermedad.

Sorprendentemente, estos maravillosos hombres sobrios han abierto su corazón hacia esta extranjera más joven que ellos, que conoció la Comunidad en circunstancias tan diferentes a las suyas. He llegado a aceptar que la Comunidad que he encontrado aquí es tan importante como la comunidad que conozco en Internet, tan apegada al Libro Grande, con su inglés claro y el acceso a reuniones de mujeres.

La Comunidad me rodea completamente. Me hace cada vez más deseosa de asistir, escuchar y ser parte de ella, y aceptar los dones de la vida según vienen, no exigir que haya algo que no está allí. He aprendido que no estoy aislada, sin importar lo que digan las apariencias.

Ann S., Escandinavia, traducido del Grapevine de julio de 2005

Grupo Fe y Acción, Silver Spring, Maryland

Septiembre/Octubre de 2005

Mi grupo Fe y Acción fue fundado el 1° de octubre de 1986. La idea fue de dos compañeros que salían de una reunión de la oficina intergrupal de Maryland un sábado 6 de septiembre. La idea era formar un grupo con los compañeros del grupo Nada Podemos Solos. Primeramente se formó un comité de apertura a cuyas reuniones asistieron primero nueve y luego doce compañeros. El nombre del grupo se decidió por sorteo.

La primera reunión de mi grupo base fue una reunión de trabajo. Ya han transcurrido dieciocho años y el grupo se ha reunido todos los días de 8 a 10 p.m. Tenemos reuniones cerradas, abiertas y reuniones de estudio, y desde marzo de 1993 tenemos también dos reuniones de apadrinamiento, los sábados y domingos más temprano.

A los que abrieron el grupo, con cariño los llamamos "los dueños del grupo", y siguen activos en el servicio. Es ésta la principal diferencia que veo en mi grupo, tenemos servidores en todos los comités de servicio. Como grupo, tratamos de dar información a personas que vienen por indicación de la justicia. Aunque pocos se quedan, se van bien informados. En ocasiones, vuelven a llegar para que les firmemos otra papeleta.

Cada año el grupo hace su inventario de acuerdo con el folleto "El grupo de AA". Tratamos de mantener un ambiente democrático, siempre dando la preferencia al nuevo. Como complemento a nuestras actividades, cada año para su aniversario, el grupo Fe y Acción organiza un convivio en un parque público, donde servimos carne asada e invitamos a todos los compañeros del área. La mayoría asiste con su familia y el tiempo suele ser bueno en esa época.

Cada compañero tiene su propia anécdota sobre cómo llegó al grupo; en mi caso, un abogado me recomendó que buscara una evaluación alcohólica. Yo entendí mal y creí que Alcohólicos Anónimos daba esa certificación, así que lo busqué en las páginas amarillas. Allí había un número para pedir información sobre los grupos y el más cerca para mí era éste. Encontré un ambiente amigable y mis compañeros me han dado la clave para estar sobrio. Hoy estoy muy bien con mi familia y más cerca de mi Poder Superior, que me guía a diario.

Fabián G., Silver Spring, Maryland

Un salvadoreño funda un grupo de AA en Chile

Septiembre/Octubre de 2005

Me llamó Joaquín Antonio y quiero compartir con ustedes un poco de lo mucho que he recibido en esta maravillosa comunidad de Alcohólicos Anónimos. Me inicié en el grupo Lourdes de San Salvador, El Salvador, un 10 de agosto de 1965. En mis inicios no me consideraba un enfermo alcohólico, pues para mí el alcohol era mi mejor amigo. Yo creía que AA era bueno para los "bolitos chichipates" (borrachos empedernidos), como decimos en mi tierra, así que al principio me costó entender que yo era alcohólico.

Me propuse asistir unos tres meses y luego pensaba seguir en mi carrera alcohólica, pero para suerte mía, para fines de octubre en Guatemala el grupo Santa Cecilia estaba celebrando su tercer aniversario y fui invitado a asistir. Era todo un acontecimiento, habría una gran fiesta. Llegaron buses con alcohólicos de Costa Rica, Nicaragua y los demás países de Centroamérica. Para mí fue una experiencia maravillosa, pues pude sentir la dicha que aquellas personas disfrutaban y que yo había buscado tanto en mis quince años de alcoholismo, pero que nunca pude encontrar. Esto sirvió para que tomara la determinación de pertenecer a AA.

En el año de 1976 me tocó ir becado por la Organización Panamericana de la Salud y la Organización Mundial de la Salud a la Universidad Nacional de Chile, a recibir un curso de reforma organizacional. Como tenía necesidad de mantener mi recuperación, tuve que buscar un grupo de AA en Santiago, pero no pude encontrarlo. Para mi buena suerte, entre las personas chilenas que asistían al curso se encontraba la señorita Carmen Barrientos, quien era en ese entonces la directora nacional del programa de rehabilitación de alcohólicos de Chile, y por intermedio de ella conocí al Dr. Jaime Santivañes, encargado de los enfermos alcohólicos de Correos y Telégrafos de Chile. Gracias a él conocí a dos personas, Ernesto S. (Q.E.D.) y una señora de nombre Martha V., con quienes iniciamos el 31 de octubre de 1976 lo que ahora se conoce como el grupo Despertar de Santiago de Chile. Sé que hoy hay muchos grupos a lo largo y ancho del país, de Arica hasta Puerto Montt. Doy gracias a Dios por haberme escogido para hacer este servicio y espero que me siga dando muchas oportunidades más.

Joaquín Antonio Ch., El Salvador

Volver a sentir

Noviembre/Diciembre de 2005

A medida que me voy conociendo comprendo la seriedad de la palabra "resentimiento". Para mí, es volver a sentir cualquier cosa, situación, emoción, sentimiento, etc., que ha sucedido en mi vida, ya sea en el pasado o en las 24 horas de hoy. Es volver siquiera a pensar en algo que me ocurrió hace cinco minutos que me afecta de algún modo y altera mi estado emocional.

Según aprendí también en AA, el solo hecho de volver a pensar en algo que ya sucedió hace que la situación se distorsione en mi mente alcohólica y se haga cada vez mayor de lo que es, alejándose de la realidad. Si lo alimento demasiado empiezo a hacerme daño.

Al hacer mi cuarto paso llegué a la conclusión de que el resentimiento va íntimamente unido con el apego o la dependencia. Cada vez que siento el más ligero indicio de resentimiento, me pregunto a mí misma: ¿qué es lo que resiento? ¿Por qué resiento?

Siempre es por algún tipo de dependencia o apego hacia una persona, que quizá habló mal de mí, o por alguna situación que no salió como yo deseaba.

Entregar la situación a mi poder superior, admitiendo mi impotencia absoluta ante las relaciones y las personas, es mi manera de eliminar cada 24 horas este veneno que para mí son los resentimientos, un lujo que como alcohólica no me debo permitir, sean cuales fueren las circunstancias, justificadas o no, y tenga o no la razón.

En mis pocas 24 horas en AA, he podido experimentar en carne propia la satisfacción que produce una vida en paz, el vivir y disfrutar el momento y olvidar mi pasado. Trabajar en eso me ayudó y me ayuda a olvidar lo que sucedió incluso ayer. Uso mucho la oración para reeducar mi mente y mantenerla en silencio, cada vez que resiento a alguna persona. Tal como me indica la literatura, trato de orar por la persona que resiento, pidiendo para ésta lo que desearía para mí y, cuando se trata de situaciones, le pido a mi poder superior que me libere, que me permita pedirle esto con honestidad y me ayude a dejar de sentir lo que siento, admitiendo por supuesto mi impotencia tanto en el aspecto que estoy resintiendo como en mi vida entera.

Alejandra G., Lima, Perú

Comencé a los doce años

Enero/Febrero de 2006

M i alcoholismo y mi drogadicción empezaron a mis doce años de edad. Cuando comencé, yo pensaba que el alcohol y las drogas eran el medio por el cual podía deshacerme de mi miedo, timidez, nerviosismo y traumas, que eran la forma de liberarme de todos mis problemas. Pero con el tiempo, me fui hundiendo más y más, sin poder controlarme.

Al principio todo era maravilloso. Disfrutaba de la camaradería que sentía cuando estaba anestesiado. Me gustaba ser muy agresivo y comencé a robar y a meterme en riñas. Me tuve que ir a otro país debido a los problemas que había ocasionado. Antes de irme, le hice un juramento a la Virgen María de que no me volvería a drogar o a alcoholizar. Cumplí mi juramento por un tiempo y, pensando que ya me había desintoxicado, creí tener control.

Pero no fue así. Cuando volví a empezar, lo hice con más ganas. Seguí pensando que no tenía problemas, pero conforme pasaba el tiempo me hundía más en el abismo del alcohol. Mi madre, a quien había dejado en mi país llena de sueños, ilusiones y esperanza, me perdió toda confianza. El alcohol me había arrebatado todas mis metas e ilusiones. Tuve que caer en la cárcel para encontrar a AA. Ahora he comprendido la naturaleza exacta de la enfermedad del alcoholismo y también que la he de llevar conmigo a donde quiera que vaya. Sé que el alcoholismo es una enfermedad insidiosa y progresiva, cuyas consecuencias pueden ser fatales.

Llevo pocas 24 horas pero he aprendido a vivir en la realidad y he logrado aceptarme tal como soy, con mis defectos y mis virtudes. Poco a poco, estoy recuperando la confianza de mi madre y de cada una de las personas a las que defraudé durante mi carrera alcohólica. He aprendido a adaptarme a las circunstancias de la vida, en lugar de tratar de cambiarlas. Nunca cambiaría mis mejores días ebrio por mis peores días sobrio.

José Manuel, D.F., México

Un joven más en AA

Enero/Febrero de 2006

Mi nombre es Fernando C. y soy un alcohólico más en AA. Soy oriundo de la Ciudad de México. Cuando vi que La Viña solicitaba artículos sobre los jóvenes en AA, me entusiasmé y decidí escribirles.

¿Qué importancia tienen las reuniones de jóvenes? Lo principal es que permiten a la juventud identificarse con las experiencias de otros compañeros. Uno de los síntomas del alcoholismo es la rebeldía, la terquedad, la soberbia y la misma negación de la enfermedad. Unos compañeros jóvenes y yo hemos hablado de lo importante que es contar con este tipo de reuniones, y queremos empezar con una reunión al mes en nuestra área de Santa Clara, California. De esta manera esperamos motivar a todos los jóvenes del área y de áreas vecinas a compartir en unidad. No va a haber requisitos de edad. Lo que deseamos es pasarle el mensaje al joven que aún sufre o recién empieza a sufrir los estragos de esta despiadada enfermedad.

¿Cómo se reciben los jóvenes en mi grupo? En el tiempo que he estado en AA he visto de todo. Acabamos de empezar un nuevo grupo y apenas somos tres, pero puedo hablarles de lo que he visto en otros grupos. Me parece que todavía hay mucha ignorancia respecto de cómo pasar el mensaje a los jóvenes. Por ejemplo, he escuchado decir que a muchos jóvenes "les falta tocar fondo", y que no son alcohólicos por haber bebido lo suficiente. Esto me parece una ironía, ya que en AA no se le puede decir a nadie si es o no alcohólico. Por mi parte, yo trato de acercarme a ellos y los motivo a que sigan regresando. Les digo que sí se puede con esta enfermedad; les doy mi número de teléfono y folletos de "jóvenes en AA", y los animo a que me llamen.

¿Creo que los jóvenes se benefician al tener reuniones aparte? A mí parecer, sí, ya que, aunque muchos miembros creen que es dividir AA por edades, se les olvida que cada grupo y reunión son autónomos. Yo creo que se trata simplemente de abrirle una puerta más al alcohólico que aún sufre, y darle la bienvenida a nuestro programa, que es tan libre y autónomo. Es darle al joven la identificación con la juventud y un mensaje de esperanza.

Mi propia experiencia al haber entrado joven al programa me ha dado la experiencia para motivar a los jóvenes que llega a que se queden con nosotros. Cuando tenía 16 años de edad era ignorante y soberbio y estaba confundido. Me parecía que AA era para personas que habían sufrido un alcoholismo infernal y que habían perdido todo. Sin embargo, mis compañeros me hicieron consciente de que tenía una enfermedad, que no radica simplemente en beber, sino en el no saber vivir.

Ahora veo la vida diferente. Me encanta la nueva vida que me da el programa de AA. Lo vital para mí ha sido quedarme un día a la vez, tener un grupo base, un servicio, leer la literatura, conseguir un padrino y platicar con los nuevos. El próximo mayo cumpliré 10 años en AA, primero Dios.

Espero en Dios, como yo lo concibo, que nos motive y ponga las palabras correctas para hacer que los jóvenes se queden con nosotros. Que podamos decirles que no están solos y darles nuestra experiencia, sonreírles, entenderlos y sentarnos con ellos con una taza de café, así como muchos miembros de AA hicieron conmigo.

Les deseo a cada uno de ustedes, en todas partes del mundo, benditas 24 horas de sobriedad.

Fernando C., Grupo Gardner, San José, California

El apadrinamiento es para el padrino

Marzo/Abril de 2006

Recuerdo que cuando empecé en el programa de AA tenía la impresión que el ser padrino o madrina era un gran honor. Quizás por ser hija de dos maestros había algo en mí que quería enseñar a otros. Yo pensaba que si me aprendía bien la teoría de AA, podría empezar a apadrinar a los que fueran llegando. Pronto caí en cuenta que era necesario practicar los Doce Pasos de recuperación para mí misma, pues de lo contrario la teoría no me serviría de nada; que a la gente no le interesaba que le desglosara la literatura sino que les compartiera mis experiencias en relación con la práctica de los Doce Pasos.

Quizás porque llegué a la temprana edad de 18 años, o tal vez porque Dios sabía que aún no estaba lista, nadie me pidió apadrinamiento hasta que tuve cinco años de sobriedad. En aquel entonces, pensé que iba a ayudarlos mucho, pero resultó más bien que ellos me ayudaron a mí. Pienso que Dios hizo un trato subconsciente conmigo: "Tú les vas a enseñar los principios espirituales y las tradiciones de este programa y ellos te van a ayudar a practicarlos". Pienso en todos los errores y aciertos que he tenido en mis apadrinamientos y cómo cada uno de ellos me ha servido para fortalecerme, para sincerarme, depender de mi Creador, cultivar la tolerancia con mis semejantes, buscar el bien común, y para dar y sentir el amor incondicional de Dios.

De mis ahijados he aprendido lo siguiente:

(Paso Uno) Que soy impotente ante el alcoholismo y la ingobernabilidad de ellos.

(Paso Dos) Que sólo Dios puede devolverles el sano juicio. Yo sólo soy un instrumento. Si se van a mantener sobrios o sin van a vivir una vida feliz y útil, es algo entre ellos y Dios.

(Paso Tres) Que ellos no tienen que pensar como yo, ni seguir mi camino, sino que necesitan descubrir cuál es la voluntad de Dios para con ellos. Todas las instancias de desobediencia a principios espirituales les servirán luego (al igual que me han servido a mí) como experiencia en la vida. No son fracasos; son lecciones.

(Pasos Cuatro y Cinco) Que no soy la única que ha estado enferma espiritualmente, y que el sufrimiento en mi actividad alcohólica y en mi proceso de sobriedad no es en balde si le sirve a alguien para sanar.

(Pasos Seis y Siete) Que todos los defectos de carácter que aún no he querido dejar son los que me impiden el apadrinar más eficazmente. Que no debo dormirme sobre mis laureles con mi propio programa de recuperación.

(Pasos Ocho y Nueve) Que errar es humano y por ser humana cometo errores con mis ahijados. Debo perdonarme los errores del pasado y tratar de ser mejor cada día en mi apadrinamiento.

(Paso Diez) Que debo tener la suficiente sinceridad y humildad para admitir cuando me equivoco o cuando no sé algo.

(Paso Once) Que puedo compartir con ellos partes de mi práctica espiritual en el desarrollo de mi contacto consciente con Dios, pero debo hacerles saber que hay muchos caminos hacia el mismo destino, y que es más importante que ellos busquen desarrollar su propia relación con su Creador.

(Paso Doce) Que no puedo dar lo que no tengo. Para llevar el mensaje al alcohólico que aún sufre, necesito llevarlo en el corazón primero, y ser un ejemplo vivo del programa de recuperación. Las palabras convencen, pero los hechos logran mucho más.

(Tradición Uno) Que la unidad es la clave de la recuperación. Mis padrinos, mis ahijados y yo estamos unidos en un círculo de amor y servicio. Ellos me nutren a mí y yo a ellos.

(Tradición Dos) Que el privilegio de apadrinar a alguien no es una posición de autoridad sobre esa persona. El padrino, al igual que el ahijado, se merece el mismo respeto.

(**Tradición Tres**) Que debo poner mis esfuerzos en aquel alcohólico que quiera dejar de beber. Es una pérdida de tiempo el andar queriendo convencer a personas que no quieren o no están dispuestas a hacer lo necesario para lograrlo.

(**Tradición Cuatro**) Que cada ahijado tiene libre albedrío sobre cómo opinar o votar en los asuntos del grupo. No tenemos que estar de acuerdo, y es mucho mejor que siga su propia conciencia y no la mía.

(**Tradición Cinco**) Que sólo soy una alcohólica en recuperación. No soy consejera legal, trabajadora social, árbitro matrimonial, banco prestamista ni transporte público. Es de más valor que dé apoyo emocional a alguien con sus problemas, a que yo trate de resolverlos.

(**Tradición Seis**) Que el ser miembro de AA no debe ser motivo para que yo influya en otras entidades para que hagan concesiones especiales para mis ahijados.

(**Tradición Siete**) Que mi gratitud con el programa puede verse cuando yo invierto dinero en la sobriedad ajena, al poner dinero en la canasta, invitando al nuevo a un café después de la junta (reunión), al regalar un pastel para un aniversario, al comprar literatura o regalar suscripciones de La Viña para los nuevos o para personas en instituciones, y al ayudar a un alcohólico de bajos recursos a asistir a una convención de AA.

(**Tradiciones Ocho y Nueve**) Que es mi responsabilidad el motivar al servicio a mis ahijados. Todos los servicios en AA, sean a nivel de grupo, distrito, área, intergrupo u OSG, son buenos, con tal que se hagan con amor y dedicación.

(**Tradición Diez**) Que al apadrinar a personas en instituciones carcelarias o de tratamiento debo acordarme que estoy ahí para pasar el mensaje de AA, no para criticar sus métodos.

(**Tradición Once**) Que soy la que causa atracción o repulsión hacia el programa de acuerdo con mis actitudes. Si mi estilo de vida está basado en principios espirituales y la felicidad en mi alma es obvia, la gente se va a acercar a AA.

(**Tradición Doce**) Que los principios de AA son los de agradecer cuando hay un cambio positivo en la vida de otra persona. Es por la

130

gracia de Dios y no por mi persona que se efectúan los milagros en AA.

Al escribir este artículo estoy a punto de celebrar 15 años de sobriedad. Mi proceso de recuperación, al igual que mi servicio de apadrinamiento, ha sido agridulce. Ha habido lágrimas de felicidad y de tristeza. El día de hoy amo a la mujer en que me he convertido y no cambiaría ni una sola experiencia en mi vida, ni antes ni después de llegar al programa. A Dios le doy toda la gloria, a mis padrinos las gracias y a mis ahijados la bendición.

Maricelle J., Grupo Nuevo Amanecer, Forest Grove, Oregón

Dios se manifiesta a través de otro alcohólico

Mayo/Junio de 2006

Hace tiempo viví una experiencia extraordinaria mientras asistía a la Convención Estatal Hispana de AA de California en Sacramento. Después de escuchar a un orador referirse a los designios que Dios tiene para con los alcohólicos, y que está dispuesto a cumplirlos con tal de que uno esté dispuesto a recibirlos, salí con un compañero a fumar con el corazón repleto de amor. Durante la conversación, le dije a mi compañero que yo sentía mucha necesidad de que Dios se me manifestase y que estaría dispuesto a hacer lo que fuera, con tal de sentir amor en mi corazón.

Luego fui al baño y mientras estaba lavándome las manos, miré de frente al espejo y no pude creer lo que mis ojos veían. Era un ser humano que estaba hecho una piltrafa, un ser desgarrado tanto física cómo espiritualmente. En su mirada se reflejaba mucho dolor y sufrimiento. Era un alcohólico con mucha vergüenza, ya que cuando volteé para verlo de frente, quiso esconderse, desconfiado de mí.

Lo reconocí de inmediato. Me acerqué y le dije que lo conocía, ya que era el mismo borrachito que años atrás había conocido en la cárcel. Me acordaba muy bien que en ese entonces lo habían tratado muy mal, ya que los policías no lo querían. También le dije que yo sabía perfectamente lo que le estaba pasando. En ese preciso instante se le iluminó el rostro con alivio, y me pidió que lo ayudase, porque sus amigos lo habían llevado a la convención, dejándolo desorientado, y no sabía a dónde ir.

Lo llevé al jardín a platicar y después de un rato comencé a sentir la presencia de Dios. Me estremecí con el hecho de pensar que era Él quien me había mandado a este ser humano para que yo demostrara que estaba dispuesto a aceptar sus designios, tal como le había dicho a mi compañero.

Mientras estaba ayudando al amigo a vomitar, llegó un compañero que anunció que le acababan de obsequiar una suite presidencial del hotel y que la podría usar cuando quisiese. Le contesté que esto era muy bueno para poder llevar al hombre a darse un baño y a descansar.

Cuando íbamos rumbo a la suite, muchos alcohólicos recuperados nos abrían paso tapándose las narices por el fuerte olor que traía. A ellos se les había olvidado cómo habían llegado a AA.

Cuándo le estaba ayudando a desvestirse, noté que su cuerpo estaba muy débil y que parecía un esqueleto con pellejo. Me hizo recordar a mi padre. Debí bañarlo, por su debilidad. Lo restregué y le lavé los tres dientes que tenía. También lo peiné y lo vestí con una bata que encontré en el closet de la suite. La sensación de amor que tuve al ver su sonrisa al sentirse tan cambiado, me hizo comprender lo cierto que eran los milagros de los que habla el programa. En esa ocasión pude vivir el regalo que Dios me dio, cumpliendo con lo que Él dijo: "Amarás a tu prójimo como a ti mismo".

Después de unos días lo trajeron al grupo y cuidarlo fue algo inolvidable para mí. Recuerdo con cuánto amor le traía un caldito de pollo para que comiera cuando llegase al grupo. Me enamoré de él, pero Dios dispuso que se fuese para que yo viva mi experiencia. Él siguió su camino y volvió a beber y yo me dispuse a buscarlo por siempre en cada uno de los compañeros que llegasen a pedir ayuda en AA.

Comprendí que eso era lo que Dios quería para mí. Hoy lo entiendo así y, gracias a Dios, a mi padrino y a mis compañeros, el milagro se sigue realizando y yo sigo buscando a este ser humano que para mí fue la representación de Dios. La sonrisa de gratitud que vi en él llenó de gratitud mi corazón y la considero el mejor regalo que me hizo Dios como experiencia espiritual.

Crispín P., Grupo "La Alegría de Vivir", San José, California

LOS DOCE PASOS

1. Admitimos que éramos impotentes ante el alcohol: que nuestras vidas se habían vuelto ingobernables.

2. Llegamos a creer que un Poder Superior a nosotros mismos podría devolvernos el sano juicio.

3. Decidimos poner nuestras voluntades y nuestras vidas al cuidado de Dios, como nosotros lo concebimos.

4. Sin miedo hicimos un minucioso inventario moral de nosotros mismos.

5. Admitimos ante Dios, ante nosotros mismos y ante otro ser humano, la naturaleza exacta de nuestros defectos.

6. Estuvimos enteramente dispuestos a dejar que Dios nos liberase de nuestros defectos.

7. Humildemente le pedimos que nos liberase de nuestros defectos.

8. Hicimos una lista de todas aquellas personas a quienes habíamos ofendido y estuvimos dispuestos a reparar el daño que les causamos.

9. Reparamos directamente a cuantos nos fue posible el daño causado, excepto cuando el hacerlo implicaba perjuicio para ellos o para otros.

10. Continuamos haciendo nuestro inventario personal y cuando nos equivocábamos lo admitíamos inmediatamente.

11. Buscamos a través de la oración y la meditación mejorar nuestro contacto consciente con Dios, como nosotros lo concebimos, pidiéndole solamente que nos dejase conocer su voluntad para con nosotros y nos diese la fortaleza para cumplirla.

12. Habiendo obtenido un despertar espiritual como resultado de estos pasos, tratamos de llevar este mensaje a los alcohólicos y de practicar estos principios en todos nuestros asuntos.

LAS DOCE TRADICIONES

1. Nuestro bienestar común debe tener la preferencia; la recuperación personal depende de la unidad de AA.

2. Para el propósito de nuestro grupo sólo existe una autoridad fundamental: un Dios amoroso tal como se exprese en la conciencia de nuestro grupo. Nuestros líderes no son más que servidores de confianza; no gobiernan.

3. El único requisito para ser miembro de AA es querer dejar de beber.

4. Cada grupo debe ser autónomo, excepto en asuntos que afecten a otros grupos de AA o a AA, considerado como un todo.

5. Cada grupo tiene un solo objetivo primordial: llevar el mensaje al alcohólico que aún está sufriendo.

6. Un grupo de AA nunca debe respaldar, financiar o prestar el nombre de AA a ninguna entidad allegada o empresa ajena, para evitar que los problemas de dinero, propiedad y prestigio nos desvíen de nuestro objetivo primordial.

7. Cada grupo de AA debe mantenerse completamente a sí mismo, negándose a recibir contribuciones de afuera.

8. AA nunca tendrá carácter profesional, pero nuestros centros de servicio pueden emplear trabajadores especiales.

9. AA como tal nunca debe ser organizada; pero podemos crear juntas o comités de servicio que sean directamente responsables ante aquellos a quienes sirven.

10. AA no tiene opinión acerca de asuntos ajenos a sus actividades; por consiguiente su nombre nunca debe mezclarse en polémicas públicas.

11. Nuestra política de relaciones públicas se basa más bien en la atracción que en la promoción; necesitamos mantener siempre nuestro anonimato personal ante la prensa, la radio y el cine.

12. El anonimato es la base espiritual de nuestras tradiciones, recordándonos siempre anteponer los principios a las personalidades.

Alcohólicos Anónimos

El programa básico de Alcohólicos Anónimos está descrito íntegramente en su texto básico, *Alcohólicos Anónimos* (conocido comúnmente como el Libro Grande), cuya tercera edición en español está en vías de preparación, así como en *Doce Pasos y Doce Tradiciones* y en otros libros. Puede encontrar información sobre AA visitando su sitio web www.aa.org o escribiendo a: Alcohólicos Anónimos, Box 459, Grand Central Station, New York, NY 10163, EE.UU. AA está presente también en los países de habla hispana así como en la mayoría de los países del resto del mundo. Para ponerse en contacto con AA en su comunidad, busque su teléfono en la guía bajo el nombre "Alcohólicos Anónimos", o en Internet.

AA Grapevine y La Viña

El Grapevine es la revista mensual internacional de Alcohólicos Anónimos en inglés, publicada ininterrumpidamente desde su primera edición de junio de 1944. Además de su revista mensual, desde 1996 AA Grapevine, Inc. publica la revista internacional en español, La Viña, que aparece bimestralmente, así como libros, y CD basados en artículos ya publicados, un calendario anual y una agenda de bolsillo.

Para mayor información sobre La Viña o el Grapevine, o para suscribirse a las revistas, por favor visite su sitio web **www.aagrapevine.org** o escriba a:

AA Grapevine
475 Riverside Drive
New York, NY 10115, EE.UU.

LAS DOCE TRADICIONES

1. Nuestro bienestar común debe tener la preferencia; la recuperación personal depende de la unidad de AA.

2. Para el propósito de nuestro grupo sólo existe una autoridad fundamental: un Dios amoroso tal como se exprese en la conciencia de nuestro grupo. Nuestros líderes no son más que servidores de confianza; no gobiernan.

3. El único requisito para ser miembro de AA es querer dejar de beber.

4. Cada grupo debe ser autónomo, excepto en asuntos que afecten a otros grupos de AA o a AA, considerado como un todo.

5. Cada grupo tiene un solo objetivo primordial: llevar el mensaje al alcohólico que aún está sufriendo.

6. Un grupo de AA nunca debe respaldar, financiar o prestar el nombre de AA a ninguna entidad allegada o empresa ajena, para evitar que los problemas de dinero, propiedad y prestigio nos desvíen de nuestro objetivo primordial.

7. Cada grupo de AA debe mantenerse completamente a sí mismo, negándose a recibir contribuciones de afuera.

8. AA nunca tendrá carácter profesional, pero nuestros centros de servicio pueden emplear trabajadores especiales.

9. AA como tal nunca debe ser organizada; pero podemos crear juntas o comités de servicio que sean directamente responsables ante aquellos a quienes sirven.

10. AA no tiene opinión acerca de asuntos ajenos a sus actividades; por consiguiente su nombre nunca debe mezclarse en polémicas públicas.

11. Nuestra política de relaciones públicas se basa más bien en la atracción que en la promoción; necesitamos mantener siempre nuestro anonimato personal ante la prensa, la radio y el cine.

12. El anonimato es la base espiritual de nuestras tradiciones, recordándonos siempre anteponer los principios a las personalidades.

Alcohólicos Anónimos

El programa básico de Alcohólicos Anónimos está descrito íntegramente en su texto básico, *Alcohólicos Anónimos* (conocido comúnmente como el Libro Grande), cuya tercera edición en español está en vías de preparación, así como en *Doce Pasos y Doce Tradiciones* y en otros libros. Puede encontrar información sobre AA visitando su sitio web www.aa.org o escribiendo a: Alcohólicos Anónimos, Box 459, Grand Central Station, New York, NY 10163, EE.UU. AA está presente también en los países de habla hispana así como en la mayoría de los países del resto del mundo. Para ponerse en contacto con AA en su comunidad, busque su teléfono en la guía bajo el nombre "Alcohólicos Anónimos", o en Internet.

AA Grapevine y La Viña

El Grapevine es la revista mensual internacional de Alcohólicos Anónimos en inglés, publicada ininterrumpidamente desde su primera edición de junio de 1944. Además de su revista mensual, desde 1996 AA Grapevine, Inc. publica la revista internacional en español, La Viña, que aparece bimestralmente, así como libros, y CD basados en artículos ya publicados, un calendario anual y una agenda de bolsillo.

Para mayor información sobre La Viña o el Grapevine, o para suscribirse a las revistas, por favor visite su sitio web **www.aagrapevine.org** o escriba a:

AA Grapevine
475 Riverside Drive
New York, NY 10115, EE.UU.